잘나가는 리더는 왜 함정에 빠질까?

고전 우화에서 발견한 경영 인사이트 60

잘나가는 리더는
왜 함정에 빠질까?

장박원 지음

매일경제신문사

곤경에 빠지는 건 뭔가를 몰라서가 아니다.
뭔가를 확실히 안다는 착각 때문이다.

It ain't what you don't know that gets you into trouble.
It's what you know for sure that just ain't so.

- 마크 트웨인 -

풍몽룡이라는 사람이 있다. 명나라 말기 문장가이자 춘추전국시대를 배경으로 550년의 장구한 역사를 다룬 소설 《동주 열국지》의 저자다. 그가 쓴 많은 저작 가운데 마오쩌둥이 늘 곁에 두고 읽었다는 책이 있다. 《지낭》, 즉 '지혜주머니'가 제목인 방대한 분량의 처세서다. 그는 중국 상고시대부터 명나라 말기까지의 역사와 민간에 전해지는 전설과 민담, 설화에서 지혜를 키울 수 있는 이야기를 발췌하고, 간단한 평어를 부기했다. 이 책의 1부 '상등의 지혜' 머리말에는 이런 글이 실려 있다.

"최고의 지혜는 배워서 되는 일이 아니다. 오로지 지혜로운 일들을 많이 알거나 경험해야 현실적인 문제들에 봉착해 그런 지혜들을 유효하게 키울 수 있다."

《잘나가는 리더는 왜 함정에 빠질까?》를 쓰면서 기대했던 것도 이와 다르지 않다. 몇 분 만에 읽을 수 있는 이 짧은 이야기들을 통해 독자가 유사한 상황에 직면했을 때, 조금이라도 지혜로운 판단을 내릴 수 있도록 돕고 싶었다. 기업 이야기만 전하면 단순한 일화에 그치겠지만 여기에 교훈을 주는 우화를 붙여 그 의미를 재해석한다면 '지혜'까지 전할 수 있을 것이라 생각했다. 이런 여망이 얼마나 이뤄질지 확신할 순 없다. 그러나 우화는 그 자체만으로도 힘이 있기 때문에 크게 염려하지는 않는다.

이야기는 크게 보면 철학이나 원칙을 세우는 깨우침을 전하고, 작게는 곤란한 순간을 쉽게 빠져나오는 방법을 알려준다. 2000년에 발간돼 선풍적인 인기를 끌었던 최인호의 《상도》 4부에는 '계영배戒盈杯' 이야기가 나오는데, 상당수 경영자들이 이 부분을 통해 사업에 대한 생각을 바꿨다고 한다. 기업가의 경영철학과 원칙에 영향을 줄 수 있는 우화의 힘을 여실히 보여준다.

잘 알려진 것처럼 계영배는 '가득 차는 것을 경계하는 잔'을 말한다. 70%까지는 채워지지만 이를 넘어가면 내용물이 밑으로 빠지게끔 설계됐다. 《상도》에서는 계영배 관련 이야기를 더 박진감 넘치게 각색했지만 강원도 홍천 지역에서 전해지는 설화 내용은 간단하다.

✎ ___우삼돌이란 자가 궁궐에 도자기를 진상하는 스승을 만나 최고의 도공 기술을 습득하게 됐다. 그의 실력은 다른 제자들과 비교할 수 없을 만큼 훌륭했다. 스승을 뛰어넘어 당대 최고의 실력을 갖게 된 그는 기존에 없었던 백자를 만들어 왕에게 바치기도 했다. 백자를 본 왕은 감탄했고, 그에게 명옥이라는 이름을 하사했다.

조선 최고의 도공이 된 우명옥은 이때부터 타락의 길을 걷기 시작했다. 도자기밖에 몰랐던 그가 술과 여자에 빠져들었고, 세속에 살면서 재능을 썩히며 모았던 재산을 탕진했다.

모든 것을 잃고서야 자신의 잘못을 깨달은 그는 왕에게 진상한 백자와는 전혀 다른 도자기를 만들겠다고 결심했고, 정성을 들인 끝에 자신의 깊은 염원이 담겨 있는 투박한 찻잔 하나를 완성했다. 명군들이 과도한 욕심과 집착을 다스리기 위해 항상 곁에 두었다는 전설의 찻잔, 계영배가 그것이다.

이 이야기를 읽은 모든 기업가가 과욕을 버리고, 어려운 이웃을 위해 수익금을 쓰겠다고 마음을 바꿔 먹지는 않았을 것이다. 하지만 단 한 사람이라도 감명을 받고 사업하는 태도와 궁극적인 목표를 수정했다면 그것만으로도 충분하다.

이번엔 현명한 판단을 내릴 때 참고할 만한 이야기를 소개한다. 《지낭》속 짧은 글로, 읽고 나면 생각이 커지는 느낌을 받을 것이다.

✎ ___명나라 사람 조예가 송강 태수로 있을 때의 일이다. 사람들이 판결을 받기 위해 찾아가면, 그는 급한 건이 아닐 경우 내일 오라며 언제나 미뤘다. 처음엔 모두가 그를 이상하게 생각했지만, 시일이 지나면서 조예의 처사를 달리 보게 됐다.

한때의 격분으로 소송을 걸었던 이들도 하룻밤이 지나면 분이 삭든지 혹은 그 사이 남이 말리든지 해서 소송을 그만두는 일이 많았기 때문이다.

조예는 15년간 송강 태수로 있으면서 지혜로운 관료로 이름을 날렸다. 이 일화는 소송하려는 사람같이 격정에 휩싸인 상대를 다룰 때 요긴하게 활용할 수 있는 일화다.

다음은 송나라 채경이라는 사람의 이야기로, 남들이 복잡하게 생각하는 것을 단순하게 풀어내는 법을 알려준다. 결론을 알고 나면 당연한 것 같지만, 막상 현실에서 이런 일이 벌어지면 채경 같은 해법을 제시하기가 쉽지 않다.

✎___채경이 낙양에 있을 때의 일이다. 어떤 여자가 시집을 두 번 갔는데, 각각의 남편에게서 아들을 낳았다. 후에 그 두 아들 모두 높은 지위를 얻었다. 그런데 두 아들이 서로 "내가 어머니를 모시겠다"고 다투다가 관청을 찾아왔다. 집정관은 결단을 못 내리고 채경에게 어떻게 했으면 좋겠느냐고 물었다. 그의 대답은 명료했다.
"그거야 아주 간단하네. 그들의 어머니 뜻에 맡기면 되는 일 아닌가? 어머니가 가고 싶다는 아들한테로 보내면 그만이지."

이처럼 우화는 사건이나 사물의 핵심을 보는 능력과 문제를 단순화해 손쉽게 풀어주는 능력을 키워준다. 때로는 유치하고 당연한 이야기인 것 같지만 여러 번 읽고, 다양한 현실 상황과 연관시켜 음미해보면 생각을 바꾸고 결단을 내리는 데 도움을 준다.

기업을 이끌고 있는 CEO나 조직을 맡고 있는 리더, 가정을 책임지는 가장들에게는 특히 지혜로운 판단과 과감한 실행력이 필요하다. 요즘처럼 먹고살기 힘든 시기에는 더더욱 그러하다. 여러 우화들을 읽고 체득해 자신의 처지에 적용한다면 어려운 상황에서 최선의 해답을 찾아낼 수 있을 것이다.

이 책은 1, 2부로 구성됐다. 1부 '경영은 판단력에 달려 있다'에서는 기업 경영 시, 현명한 판단을 내리는 데 도움을 주는 주제를 중심으로 묶었다. 주어진 조건을 최대한 활용하고 위기에 처했을 때 적절하게 대응하는 방법 등에 대한 내용이다. 상대의 본심을 파악하고 가장 도움이 될 인재를 발탁하는 기준에 대해서도 생각해볼 수 있다.

2부 '결단과 용기로 실행하라'는 기업가의 말과 행위에 주목했다. 어려운 상황에서 과단성 있게 행동하는 것과 말에 대해 책임지는 일이 경영자에게 얼마나 중요한지 다뤘다. 계영배가 전하는 교훈처럼 지나치게 욕심을 부리며 확장 경영에 나섰다가 낭패를 본다는 사연도 있다. 각 부마다 30개의 이야기를 담고 있는데 하루에 한 편씩 읽는다면 두 달간 우화의 힘을 느끼는 경험을 할 수 있을 것이다.

세상이 점점 어려워지고, 그만큼 삶도 팍팍해지고 있다. 자칫 잘못된 판단을 내리면 큰 위험에 빠질 수도 있다. 이를 피하려면 많은 경험이 필요하지만, 시간과 기회가 한정돼 있어 그것마저도 여의치 않다. 다행스러운 것은 우리 주변에 지혜를 담은 이야기들이 많이 널려 있다는 점이다. 잘만 활용하면 실수를 줄이고 실패를 극복하는 데 큰 도움이 될 것이다. 이 책이 그런 역할을 할 수 있기를 바란다.

장 박 원

CONTENTS

CONTENTS

PART 2

결단과 용기로 실행하라

경영은 판단력에
달려 있다

01

유튜브, 플랫폼에 '공유'를 더하다

미국의 한 인터넷 매체가 2006년 10월, 구글이 16억 5,000만 달러의 거금을 주고 유튜브를 인수하게 된 뒷이야기를 소개해 눈길을 끌었다. 인수될 당시만 해도 유튜브는 수익은커녕 생존 가능성마저 확신할 수 없었던 수많은 웹사이트 중 하나에 불과했다. 이런 곳에 구글이 베팅한 이유는 놀랍게도 한 중국 청년들이 장난삼아 제작한 '립싱크 영상' 때문 이었다. 그들은 허름한 방을 배경으로 미국의 인기 그룹이었던 백스트리트 보이즈의 'As long as you love me'에 맞춰 춤추고 노래하는 모습을 영상에 담았다. 보통 사람의 눈에는 잠시 흥미로울 뿐 아무런 의미도 없는 것이었다.

그러나 이 영상에서 유튜브의 잠재력과 가능성을 간파한 사람이 있었다. 구글 창업 초창기 멤버이자 '구글의 어머니'라는 별명을 갖고 있는 수잔 보이치키였다. 유튜브 CEO인 그는 이 영상에서 유튜브가 가야 할 미래를 봤다. 일반인도 전문 스튜디오 없이 자신만의 영상 콘텐츠를 만드는 세상이 올 것이라는 게 그것이었다. 물론 그 중심에는 유튜브가 있을 것이라는 사실도 깨달았다. 만일 전 세계 사람들이 유튜브에 자신만의 동영상을 올린다면? 엄청난 플랫폼과 빅데이터가 되지 않을까. 유튜브는 대단한 사업 수단이 될 것이 확실했다. 그는 곧바로 구글 경영진을 설득해 유튜브를 인수하도록 했다.

유튜브의 창업자는 스티브 첸이다. 그는 어린 시절 미국으로 이민 간 대만계 엔지니어로, 대학 때 컴퓨터에 푹 빠져 있었다. 그가 대학을 중퇴하고 들어간 기업은 바로 실리콘밸리의 또 다른 신화인 전자결제업체 페이팔이었다. 그리고 2005년, 회사를 떠나 창업하려고 하던 중 우연히 동영상 사이트에 대한 아이디어를 떠올렸다. 사실 유튜브도 초기에는 다른 인터넷 사이트들과 마찬가지로 고전할 수밖에 없었다. 그 상황에서 사이트를 살리기 위해 도입한 개념이 바로 '공유'였다. 이후 많은 사용자들이 유튜브에 동영상을 올리기 시작했고, 바로 그 시점에 보이치키라는 통찰력 있는 사업가를 만나며 가장 인기 있는 동영상 공유 사이트로 성장할 수 있었다.

유튜브는 10년 만에 매달 10억 명 이상이 60억 시간 동안 동영상을 보는 세계 최대 플랫폼으로 자리 잡았다. 70개국이 넘는 곳에서 각 나라

언어로 서비스되고 있으며 1분당 올라오는 영상들의 재생시간을 모두 합치면 300시간이 넘는다.

싸이의 '강남스타일' 뮤직비디오는 조회수 20억 건을 훌쩍 넘어섰다. 전 세계적으로 볼 때는 무명에 가까웠던 한국의 싸이를 유튜브가 월드 스타로 만든 것이다. 이처럼 유튜브는 수많은 사람들을 하루아침에 유명인으로 만드는 기적을 일으키고 있다. 보이치키의 예상대로 전 세계 사람들이 자신만의 영상을 올리는 동시에 남이 제공한 콘텐츠를 즐기는 거대 플랫폼이 된 셈이다.

이는 같은 기술이나 제품, 서비스라도 어떻게 활용하느냐에 따라 완전히 달라질 수 있다는 진실을 전한다. 장자의 《소요유》 속 '손이 트지 않게 하는 약'에 대한 이야기도 유사한 메시지를 담고 있다. 친구인 혜자가 위나라 왕이 준 박 씨에서 열린 큰 박을 두고 아무 쓸모도 없다고 투덜거리자, 장자가 들려준 이야기다.

✎ ___ 송나라에 남의 빨래를 해주며 먹고사는 집안이 있었다. 이들은 찬물에 빨래를 할 때도 손이 트지 않는 약을 개발했고, 덕분에 매년 먹고살 정도의 돈은 벌 수 있었다.
어느 날 한 사람이 이 약에 대한 이야기를 들었다. 그는 평생 빨래를 하지 않아도 먹고살 수 있을 만큼의 거금을 내놓으며 약 개발법을 팔라고 제안했다. 돈을 주고 비법을 전수받은 그는 오나라 도성에 들어가 왕에게 "나를 수군 장수로 삼으면 전쟁에서 반드시 승리할 수 있을 것"이라고 장담했다. 오왕은 그의 말을 받아들였고, 숙적 월나라와 싸워 대승을 거둘 수 있었다. 그 비결은 말할 것도 없이 겨울철 찬물에도 손이 트지 않는 약 때문이었다. 손이 트지 않았던 오나라 장병들은 월나라를 크게 무찔렀다. 오왕은 그의 공을 치하하고 많은 땅을 주며 영주로 삼았다.

장자는 이야기를 끝내며 이렇게 말했다고 한다.

"같은 약인데 어떻게 쓰느냐에 따라 한 사람은 서민으로 남고 다른 사람은 귀족이 되는 법이네. 지금 자네에게 커다란 박이 있는데 어째서 그것으로 큰 배를 만들어 강이나 호수에 띄울 생각을 않고, 그저 아무것도 담을 수 없다고 말하는가?"

러시아 작가 크르일로프의 우화 '긴꼬리원숭이와 안경'에 나오는 원숭이도 유사한 교훈을 준다. 요긴하게 쓸 수 있는 안경을 그냥 버렸다는 점에서 큰 박으로 아무것도 만들 생각을 하지 못하는 혜자와 다를 바 없다.

✎___한 긴꼬리원숭이에게 노안이 찾아왔다. 눈이 침침해 고민하던 그는 어느 날 "노안은 걱정할 필요가 없다"는 사람들의 얘기를 들었다. 안경을 끼면 눈이 나빠도 얼마든지 세상을 볼 수 있다는 것이었다. 원숭이는 그 얘기를 듣고 바로 안경을 샀지만, 어떻게 쓰는지는 잘 몰랐다.

원숭이는 안경을 머리 위에 놓아보고 꼬리에도 매달아봤다. 코로 냄새도 맡아보고 입술로 핥아도 봤다. 이렇게도 해보고 저렇게도 해봤지만, 안경을 어떻게 사용하는지 알 수 없었던 긴꼬리원숭이는 체념하듯 안경을 땅에

버리며 소리쳤다.

"이런 제기랄! 사람들이 내게 거짓말한 게 틀림없어. 바보같이 사람들에게 속다니! 이 물건은 내게 전혀 소용없잖아."

원숭이가 던진 안경은 땅에 닿는 순간 산산조각 나고 말았다.

요즘처럼 경기가 어려울 때, 기업은 기존 사업만으론 성장하기 힘들다. 미래에 높은 부가가치를 창출할 수 있는 기술과 제품, 서비스가 절실하다. 그것은 완전히 새로운 창조물일 수도 있지만, 이미 존재하고 있음에도 숨겨져 있던 것일 수도 있다. 그 가치와 잠재력을 알아보는 사람을 만난다면 쓰임새가 훨씬 커질 수 있다는 얘기다. CEO 스스로, 혹은 안목 있는 인재를 발굴해 숨은 가치를 찾는 게 중요하다. 극심한 경기침체기에 기업이 사느냐 죽느냐는 거기에 달려 있다고 해도 지나친 말이 아니다.

02

벤치마킹은
단순한 베끼기?

어설픈 흉내 내기로 어려워진 기업은 너무 많아서 다 얘기하기도 힘들다. 경영이 어려워진 이유가 꼭 잘못된 벤치마킹 때문만은 아니겠지만, 몰락의 속도를 높였을 것은 틀림없다.

STX그룹을 설립한 강덕수 회장은 재벌을 벤치마킹하려다 글로벌 금융위기 이후, 진출한 분야의 업황이 장기 침체에 빠지며 어려움을 겪었다. 만약 그가 진짜 재벌이었다면 축적한 보유 자금이 많아 몰락을 피할수 있었을 것이다. 그러나 그는 재벌이 아닌 평범한 샐러리맨이었다. 그는 과감한 인수합병과 시장 개척으로 10년 만에 전 세계적으로 6만 명이 넘는 종업원을 거느리고, 20조 원에 육박하는 매출액을 달성하는 대기업 총수가 됐으며, 중국 다롄에 조선소를 설립하며 정주영 현대그룹 명예회장의 길을 따라가겠다는 포부를 임직원들에게 밝히기도 했다.

심지어 중요한 일을 총수가 독단으로 결정하는 방식이나 자식들이 지분을 보유한 계열사에 일감을 몰아주며 부를 물려주는 방식도 재벌을 벤치마킹했다. 경기가 장기간 상승하는 시기였다면 강 회장도 삼성이나 현대그룹 설립자처럼 재벌의 반열에 올랐을 확률이 높다. 하지만 시대가 그를 저버렸다. STX그룹의 주력 산업이었던 조선과 해운의 상황이 급격히 나빠지면서 차입에 의존했던 급성장이 부메랑으로 돌아온 것이었다. STX그룹의 주요 계열사는 문을 닫거나 채권단의 자금 수혈을 받으며 구조조정을 거듭했다.

팬택도 대기업을 벤치마킹하려다 실패한 사례다. 글로벌 시장에서 경쟁하기 위해서는 삼성전자와 LG전자를 모방할 수밖에 없었겠지만 결과적으로 그것은 잘못된 판단이었다. 전략을 바꿔 주력 제품을 차별화하거나 틈새시장만을 공략했다면 생존의 길을 찾을 수도 있었을 것이다. 그래서 팬택을 인수한 정준 쏠리드 대표도 대기업이 할 수 없는 틈새 비즈니스를 찾겠다고 강조했던 것 아닐까.

물론 적절한 벤치마킹으로 성공한 기업도 있다. 현대차의 토요타 벤치마킹이 대표적이다. 현대차는 2000년대 초반부터 토요타의 장점을 배우려고 노력했다. 정몽구 현대차 회장은 품질경영을 주장하며 궁극적으로 "토요타를 능가하는 자동차를 만들겠다"고 밝혔다. 그 후 현대차는 품질이 비약적으로 발전했고, 2005년 이후에는 토요타가 오히려 현대차에서 벤치마킹할 게 없나 모색할 정도가 됐다.

현대차의 성공 요인은 어설픈 베끼기 차원을 넘어 다른 기업의 장점을 적절하게 응용했다는 점에 있다. 토요타의 생산 시스템과 협력업체 관리 방법을 한국 자동차산업의 현실에 맞게 바꿔 적용한 것이 효과적이었다는 의미다. 이런 측면에서 현대차는 창의적 벤치마킹의 길이 무엇인지 보여줬다고 평가할 수 있다. 토요타가 미국에서 대규모 리콜 사태를 겪으며 후진하는 사이, 끊임없이 질주할 수 있었던 힘도 여기서 나왔다. 현대차는 신모델을 개발하며 토요타를 다시 벤치마킹했다고 한다. 이번에는 국내 시장을 누비고 있는 수입차를 방어할 전략을 배우기 위해서다. 현대차 국내마케팅실 임직원들은 과거 토요타가 겪었던 일본 내 수입차 공세의 방어 전략을 알아보기 위해 토요타 본사를 방문했다.

꾀가 많아 벤치마킹, 즉 따라 하기를 잘하는 동물로는 원숭이가 최고다. 원숭이가 특히 벤치마킹하고 싶어 하는 대상은 사람이다. 그러나 사람을 섣불리 흉내 내다가 위험에 빠지기도 한다. 이솝우화에는 원숭이를 주인공으로 하는 이야기가 많은데, 주로 재능은 많지만 너무 자만하는 바람에 낭패를 보는 모습을 보인다. 머리가 비상해 남을 잘 관찰하고 어려운 일도 쉽게 처리하지만, 경솔하게 행동하다가 위기에 처하는 것이다. '원숭이와 어부'도 바로 이런 측면을 묘사하고 있다.

✎___원숭이가 큰 나무에 앉아 강가에서 그물을 던지는 어부들을 지켜보고 있었다. 잠시 후 어부들은 점심을 먹기 위해 그물을 놓아둔 채 자리

를 떴다. 그러자 천성적으로 따라 하는 것을 좋아하는 원숭이가 나무에서 내려와 어부처럼 강에 그물을 던졌다. 그러나 그물을 잘 다루지 못했기 때문에, 원숭이의 몸까지 그물에 얽히며 그만 물에 빠져 죽을 위험에 처하고 말았다. 원숭이는 탄식했다.

"이게 모두 내 잘못이지. 먼저 그물 던지는 방법을 제대로 배워야 했는데 그냥 고기를 잡겠다고 덤볐으니 이 꼴을 당한 거야!"

이와 반대로 원숭이의 뛰어난 능력을 강조하며, 어설픈 벤치마킹을 경계하는 '원숭이와 낙타' 이야기도 있다.

✎ ___ 어느 날 동물들이 모여서 회의를 열었다. 회의가 지루해지자 원숭이 한 마리가 자리에서 벌떡 일어나더니 춤을 추기 시작했다. 참석한 모든 동물들이 원숭이의 춤을 보고 박수를 보냈다. 원숭이가 주목받는 것에 샘이 난 낙타가 동물들 앞에 나섰다. 원숭이보다 더 칭찬을 받고 싶어서였다. 낙타도 원숭이처럼 춤을 추기 시작했지만, 문제는 그가 춤을 못 춘다는 사실이었다. 재미가 없어진 동물들은 낙타를 막대기로 쫓아버렸다.

성공적 벤치마킹의 열쇠는 '자기 정체성 파악'에 있다. 우리 기업만의 핵심 경쟁력이 없는 상태에서 경쟁사를 벤치마킹하는 것은 단순한 베끼기에 불과하다. 원숭이가 그물 던지는 어부의 흉내를 내다가, 낙타가 원숭이 춤을 따라 하다가 낭패를 당한 것처럼 어설픈 베끼기를 하다간 시장에서 발을 붙이기 힘든 상황까지 올 수도 있다. 벤치마킹의 묘미는 '모방은 창조의 어머니'라는 문구를 충족시킬 수 있는 능력에서 나온다. 벤치마킹 이전에 '왜 벤치마킹이 필요한지' 냉철하게 분석하는 것이 먼저다. 벤치마킹이 비용과 정력만 낭비하고 끝날 확률이 성공할 확률보다 높기 때문이다.

같은 병을 앓는 환자라도 그 체질에 따라 다른 약을 쓴다. 기업도 마찬가지다. 임직원들의 성향과 능력, 기존 경영 방식과 재무 여건 등이 제각각이다. 업종이나 규모가 비슷하더라도 숨은 차이점이 있기 마련이다. 그것을 찾아낸 뒤 장점과 단점을 가려 벤치마킹의 상승 효과를 노려야 한다. 그것이 경쟁사의 장점을 취하고 약점은 버리는, 스마트한 경영자가 되는 길이다.

성공적 벤치마킹의 열쇠는

'자기 정체성 파악'에 있다.

우리 기업만의 핵심 경쟁력이 없는 상태에서

경쟁사를 벤치마킹하는 것은

단순한 베끼기에 불과하다.

03

돌팔이 의사와
'펀더멘털'

2010년 4월, 미국 증권거래위원회SEC는 골드만삭스를 사기 혐의로 기소했다. 낮은 신용등급의 주택담보대출인 서브프라임모기지를 기초자산으로 하는 부채담보부증권CDO의 불완전판매로 투자자들에게 큰 손실을 입혔다는 게 기소 내용이었다. 이 혐의의 사실 여부를 떠나 골드만삭스는 글로벌 금융위기 직전에 석연치 않은 행동을 보여 비난을 받았다. 투자자들에게는 위험성 높은 파생상품을 팔면서, 스스로는 리스크를 줄여나가는 이중성을 보였기 때문이다. 미래를 정확하게 예측하고 한 것인지, 아니면 시장이 과열됐다고 판단해 단순히 포트폴리오를 바꾼 것인지는 알 수 없다.

어쨌든 골드만삭스는 유구한 역사를 가진 금융회사답지 못한 진단과 전망을 내놨다. 파생상품을 판매하면서 금융위기가 올 것이라는 심각한 신호를 주지 않은 것이다. 오히려 부동산 호황이 더 지속될 것이기 때문에 걱정할 필요가 없다고 역설했다. 순진하고 무지한 투자자들은 전문가인 골드만삭스를 믿지 않을 수 없었다. 그러나 글로벌 금융위기가 터지며, 투자자들은 참혹한 결말을 맞아야 했다. 골드만삭스를 자신의 생명을 지켜줄 명의로 믿었던 사람들은 그들이 실제로는 '돌팔이 의사'였단 사실에 분통을 터뜨렸지만 이미 돌이킬 수 없는 상황이었다.

1997년 한국에서 일어난 외환위기 직전에도 같은 사태가 벌어졌다. 당시 강경식 경제부총리는 글로벌 금융 시장에서 경고음이 울리고 있었지만 이렇게 장담했다. "태국을 비롯한 동남아 국가들과 한국은 다르다. 한국은 펀더멘털fundamental, 경제 기반이 강하다. 절대 무너지지 않는다."

부채가 많았던 기업들이 줄줄이 부도를 내며 쓰러지고 있는 상황에서도 그는 괜찮다고 말했다. 아시아 국가들의 외환위기가 한국에 유리한 기회를 제공할 것이라는 주장도 했다. 김영삼 대통령이 어두운 표정으로 국민들에게 '한국의 부도'를 선언하기 한 달 전에도 마찬가지였다. 기업들의 이어지는 부도 사태로 뒤숭숭한 분위기에서, 그는 국민들의 불안한 마음을 달래주는 정신과 의사와 같았다.

그러나 그가 돌팔이 의사로 판명되기까지는 오랜 시간이 걸리지 않았다. 금융기관의 달러는 씨가 말랐고 결국 대한민국은 IMF국제통화기금에 도움을 요청해야 했다. 돌팔이 의사인 강 전 경제부총리가 경질된 후에도 한국인들은 고통스러운 IMF 외환위기의 긴 터널을 지나야 했다.

이솝우화에는 돌팔이 의사에 관한 이야기가 몇 개 있다. 그중 거짓 진단을 한 뒤 환자에게 한 방 먹는 '돌팔이 의사'라는 제목의 우화를 소개한다.

✎＿＿ 한 돌팔이 의사가 환자를 진찰했다. 그동안 그 환자를 진찰했던 다른 의사들은 한결같이 '생명은 위험하지 않으니 안심하라'고 하며, 다만 완쾌될 때까지는 적지 않은 시간이 걸릴 것이기 때문에 참고 기다려야 한다고 당부했다. 그런데 이 돌팔이 의사는 달랐다. 그는 환자에게 이 말을 남기고 떠났다.

"당신은 이제 살 수 있는 날이 하루밖에 남지 않았습니다. 그러니 모든 일을 정리해놓고 운명을 기다리시기 바랍니다."

며칠이 지났다. 환자는 몸이 계속 아팠지만 죽지는 않았다. 그는 자리를 털고 일어나 시험 삼아 외출을 해봤다. 물론 다리가 후들거려 걷기조차 힘들었다. 바로 그때 돌팔이 의사가 길 저쪽에 나타났다. 환자를 만난 돌팔이 의사는 물었다.

"그래, 저세상 사람들은 요즘 어떻게들 지내고 있던가요?"

환자는 대답했다.

"죽은 사람들은 모두 평화롭게 살고 있습니다. 당연하지 않습니까? 그들은 모두 이승의 삶을 전부 잊도록 하는 망각의 강을 건넜기 때문이지요. 그런데 요즘 저승에는 아주 시끄러운 일이 생겼답니다. 죽음과 황천의 신하데스가 모든 의사에게 무시무시한 벌을 내리기로 했기 때문이지요. 신들은 의사들 때문에 병든 사람들이 자연스럽고 평화롭게 죽음을 맞이할 수 없기에 의사들을 혼내줘야 한다고 의견을 모았습니다. 그래서 신들은 의사의 이름을 모두 명부에 기록했답니다. 그런데 당신 이름도 그 명부에 넣으려고 하더군요. 그래서 제가 신의 발밑에 몸을 던지며 당신은 진짜 의사가 아니라고 말했어요. 그러니 그런 처벌을 받을 이유가 전혀 없다고 말입니다."

세계 경제는 정기적으로 어려움에 빠진다. 1997년 외환위기 직전과 비슷한 징후가 10년마다 나타날 것이라고 말하는 전문가들도 적지 않다. 어떤 처방을 써도 초유의 사태가 반복될 것이라고 경고한다. 위기가 오면 백약이 무효하기 때문에 일단 죽어봐야 한다는 극단적인 발언을 서슴지 않는 이들도 있다. 이런 사태가 되풀이될 것이라고 말하는 사람들은 그 근거로 각국의 환율전쟁, 자본유출 심화와 자금조달 비용 상승 등 다양한 요인을 꼽는다.

그러나 한국의 외환보유액이 충분하고, 국가 부채비율이 다른 국가에 비해 상대적으로 양호하며, 위기를 막기 위한 정책 효과로 외환위기와 같은 일은 더 이상 없을 것이라 반박하는 목소리도 높다. 어떤 진단이 더 정확할까? 우화 속에서는 누가 돌팔이 의사인지 구분하기 쉽지만 현실에서는 그런 돌팔이를 찾아내기가 쉽지 않다.

그렇다면 불확실성이 점점 커지는 상황에서 기업 경영자들이 더 귀를 기울어야 하는 쪽은 어디일까? 아무래도 보수적인 시각을 갖는 편이 안전할 것이다. 위기에 빠질 확률이 1%라 할지라도 대비책을 갖고 있어야 하기 때문이다. 삼성전자를 비롯한 주요 기업들이 조직을 줄이고 잘할 수 있는 분야에 집중하려는 것도 같은 맥락에서 이해할 수 있다. 그렇다고 너무 몸을 움츠리면 기회를 놓칠 수도 있으니 모험심도 필요하다. 이럴 때일수록 사냥감이 오면 반드시 잡아야 하기 때문이다. 그것이 기업을 살리는 동시에 성장판을 키우는 길이다.

04

운명은 능력보다
힘이 세다

안철수 의원은 자신을 스티브 잡스와 비교해 화제가 된 적이 있다. 새정치민주연합더불어민주당을 탈당한 뒤 지역구인 서울 노원구 상계동의 한 아파트 경로당을 방문해서였다.

"스티브 잡스는 애플 창업주였는데 존 스컬리 대표에게 쫓겨났습니다. 그다음은 잡스의 몫이었습니다. 그다음 결과들은…."

하지만 쫓겨났다는 표현은 너무 자의적인 해석이다. 문재인 대표는 한 번도 안 의원에게 나가라고 한 적이 없다. 오히려 붙잡았다. 물론 안 의원은 정황상 나오지 않고는 버틸 수 없었기 때문에 탈당했을 것이다. 그렇지만 그를 쫓아낼 수 있는 사람은 아무도 없었으므로, 쫓겨났다는 표현은 말이 안 된다. 물론 그것이 큰 오류는 아니다. 사실관계가 다를 뿐 안 의원이 정말 전하고 싶은 메시지는 '그다음은…' 이후에 있었을 것이기 때문이다.

잡스는 1976년 스티브 워즈니악, 론 웨인과 애플을 창업했으나 제 역할을 하지 못해 1985년, 당시 CEO였던 스컬리에게 해고됐다. 그 이후 절치부심 재기를 노렸고, 12년 만에 경영난에 허덕이던 애플로 돌아와 아이팟과 아이폰을 출시하며 '대박'을 쳤다. 마이크로소프트의 빌 게이츠를 잇는 세계 IT업계의 총아로 떠오른 것은 당연했다.

안 의원이 잡스와 비슷한 경로를 밟는다면 상당 기간 고전하다가 언젠가 대한민국 대통령이 될 것이라는 의미가 된다. 그러나 그의 뜻대로 될지는 변수가 너무 많아 예측하기 어렵다. 무엇보다 안 의원이 '그다음은…'으로 시작하는 문장을 완성하기 위해서는 잡스가 아이폰을 보여줬듯이, 국민들에게 깜짝 놀랄 만한 선물을 선사하거나 역사에 길이 남을 공을 세워야 한다.

하지만 그가 간과해서는 안 되는 사실이 있다. 안타깝게도 스티브 잡스는 2011년 10월 5일 56세의 나이로 운명을 달리했다. 애플의 인기가 절정에 달했을 때 신이 그를 부른 것이다. 애플은 잡스와 동일어였기에 잡스가 없는 애플은 상상하기 힘들었다. 그러나 애플은 여전히 전 세계 스마트폰 시장을 주도하고 있음에도, '잡스의 애플'은 점차 희석되고 있다. 잡스의 살아생전 능력과 업적을 회상하려는 사람만 있을 뿐이다.

SNS에 '스티브 잡스가 남긴 마지막 말'이라는 글이 유행한 적 있다.

'나는 가장 성공한 사람이지만 재물만 좇다 뒤틀린 인간이 됐고, 건강을 지키지도, 가족, 배우자, 친구들에 대한 사랑을 제대로 실천하지도 못했다. 인생에 사랑만큼 중요한 것이 없는데도 말이다'라는 내용이었다. 스티브 잡스 같은 위대한 사업가는 역시 죽을 때도 다르구나 싶을 만큼 그럴듯한 글이었다. 그러나 얼마 후 반전이 일어났다. 잡스의 임종을 지켰던 누이동생이 이 글을 보고 새빨간 거짓말이라며 이렇게 증언한 것이다.

"잡스가 죽기 직전에 남긴 말은 단 세 마디였어요. 오, 와우! 오, 와우! 오, 와우!"

천하의 스티브 잡스도 죽음이라는 운명 앞에서는 무기력하게 무너졌음을 전하는 일화다. 이렇듯 아무리 뛰어난 능력과 지식을 가진 사람이라도 운명의 힘 앞에서는 어쩔 수 없다. 이란의 시인이자 우화 작가인 루미의 '모래 자루'라는 이야기는 이 힘을 새삼 생각하게 만든다.

아랍인 상인이 낙타 등 양쪽에 자루를 싣고 가다가 말 많은 철학자를 만났다. 철학자는 아랍인에게 이것저것 물어봤다.

"낙타 등의 자루에는 무엇이 담겨 있소?"

"예, 자루 하나에는 곡식을, 다른 자루에는 모래를 담았습니다."

"모래라고 했소? 어쩌자고 모래를 실어 낙타를 더 힘들게 하는 것이오?"

"그야 곡식 자루와 균형을 맞추기 위해서지요."

"균형을 잡기 위해서라면 곡식을 두 자루에 반씩 나눠 담으면 될 것이 아니오? 그러면 낙타는 힘이 절반밖에 들지 않을 텐데 말이오."

"맞습니다. 미처 그 생각을 못했어요. 선생님은 정말 지혜로운 분이시군요."

이번에는 아랍인이 철학자를 자세히 살펴보며 물었다.

"그런데 선생님이 이렇게 맨발에 넝마를 걸치고 다니는 이유는 무엇입니까? 제 눈에 선생님은 군주 아니면 고관, 부유한 상인인데 신분을 숨기고 계시는 게 분명합니다. 그렇지 않습니까?"

"그렇지 않소. 난 무일푼이오. 오늘 밤 당장 끼니를 때울 것도 없단 말이오. 내게 지식과 지혜가 있다고들 하지만 모두 두통거리일 뿐이지."

이 말을 듣고 아랍인은 잠시 생각한 뒤 말했다.

"당신처럼 아는 게 많고 지혜로운 사람이 그런 신세라면 분명 나쁜 운명의 저주를 받기 때문 아니겠소? 그 저주가 나한테까지 미치게 할 수는 없죠. 당신이 어느 쪽으로 가든지 나는 그 반대쪽으로 가겠소. 그리고 이 낙타에도 한쪽에는 곡식을, 다른 한쪽에는 모래를 그대로 실을 겁니다."

아무리 지식이 많고 능력이 뛰어나도 넘을 수 없는 벽이 있다. 운명이다. 그것은 스티브 잡스처럼 짧은 수명일 수도, 다수의 몰락한 기업들처럼 예상하지 못한 대외 환경 변화일 수도 있다. 한두 가지 이론만으로 설명할 수 없는 불가사의한 일과 그로 인해 생기는 삶의 변형을 우리는 '운명의 장난'이라고 한다.

성공의 절정을 향해 달려가는 중에도, 위태로운 절벽 앞에 선 상황에서도 운명은 영향을 끼친다. 작은 지혜를 뽐내다가는 운명에 당할 수 있다. 능력이 뛰어나고 행운이 따르기 때문에 내 미래는 계속 밝을 것이라 자만하는 바로 그 순간 운명의 장난이 시작될지도 모른다.

05 👤

정체성을 잃은
대가

2004년 가을, 박병엽 전 팬택 부회장을 처음 만났다. 당시 그는 절정을 향해 질주하는 킬리만자로의 표범 같았다. 1991년 중견기업의 영업사원에서 사업가로 변신한 이후 14년을 달려 팬택을 글로벌 휴대폰기업으로 키운 그였다. 다른 사람이라면 엄두도 내지 못할 일들을 억척스럽게 성취하며 또 한 편의 신화를 쓰고 있었다. 그는 저녁식사 후 함께 술을 마시는 자리에서 새로운 사업에 도전하려는 강한 집념을 보여줬다.

"대우종합기계두산인프라코어를 반드시 인수할 생각입니다. 사람들이 잘 몰라서 그렇지, 기계산업은 팬택과 시너지를 낼 수 있습니다."

안타깝게도 그는 그 뜻을 이루지 못했다. 이듬해 1월 대우종합기계는 두산중공업에 최종 매각됐다. 비즈니스의 외형을 늘리고자 했던 목표는 좌절됐지만, 그대로 물러설 그가 아니었다. 2005년 7월, 정보통신업계에 깜짝 놀랄 소식이 전해졌다. 팬택이 SK텔레콤 계열 단말기 제조사인 SK텔레텍을 인수한다고 발표한 것이다. 최태원 SK그룹 회장과 박 부회장이 긴밀하게 접촉하며 만들어낸 작품이었다.

1998년 출범한 SK텔레텍은 SK텔레콤 전용 단말기인 '스카이'를 생산하고 있었다. SK라는 든든한 브랜드와 기발한 광고 마케팅, 산뜻한 디자인, SK텔레콤의 적극적인 지원 등 다양한 요소들이 결합하며 스카이는 국내에서 프리미엄 휴대폰으로 인기를 끌고 있었다. 하지만 스카이에는 아킬레스건이 있었다. 시장지배적 통신업체인 SK텔레콤 산하에 있다는 이유로 연간 생산량에 제한을 받았고, 구매하려고 하는 사람들이 아무리 많아도 물량 부족으로 더 이상 판매할 수 없는 처지에 놓였던 것이다. SK텔레콤이 잘나가는 스카이 브랜드를 팬택에 넘길 수밖에 없었던 배경이다. 박 부회장은 스카이를 가져오면 팬택이 비약적으로 발전할 것이라 예상했다. 이것으로 대우종합기계를 인수하지 못한 아쉬움을 달랠 수도 있었다.

하지만 결과적으로 팬택의 스카이 인수는 독이 됐다. 시너지 효과가 예상에 미치지 못했고, 외부 사업 환경이 급격히 바뀌었기 때문이다. 삼성과 LG에 비해 팬택은 브랜드 파워가 약했다. 박 부회장은 스카이가 이 약점을 보완해줄 것이라 믿었지만 현실은 그렇지 않았다. 스카이 앞에 붙었던 'SK'가 사라지자 브랜드에 대한 평가가 확 달라진 것이었다.

팬택이 스카이를 생산하면 결국 팬택 휴대폰과 다를 것이 없다는 반응이 대세였다. 스카이 인수로 외형은 커졌지만 그가 기대한 폭발적인 시너지는 창출되지 못했던 것이다.

3,000억 원에 달하는 인수금액은 팬택의 현금흐름을 급속히 악화시켰다. 해외 시장 진출에 박차를 가하고 있었던 시점이라 그렇지 않아도 적지 않은 자금이 필요할 때였다. 결국 팬택은 SK텔레텍을 인수한 이듬해인 2006년 대규모 적자를 기록했고, 곧이어 자금 압박을 견디지 못하고 재무 구조 개선작업에 들어갔다. 설상가상으로 이동통신 시장이 스마트폰으로 재편되며 팬택은 더욱 어려운 상황에 몰렸다. 삼성전자와 애플이 스마트폰 시장에서 선두다툼을 벌이며 점유율을 높이는 승자 독식 구조가 심화됐고 팬택같이 3위권 밖에 있는 기업은 생존하기 더욱 힘들어졌다. 그는 팬택을 다시 살려보려고 혼신의 힘을 기울였지만 역부족이었다. 팬택은 청산 절차를 밟던 중 극적으로 쏠리드–옵티스 컨소시엄에 인수됐다. 그러나 부활할 수 있을지는 여전히 불투명하다.

팬택의 비극은 중대한 시기에 정체성을 제대로 인지하지 못한 결과다. 무리하게 스카이를 인수하지 않고 견실한 재무 구조를 유지하면서 거대 기업과의 경쟁을 피할 수 있는 틈새시장을 창출하는 전략을 펼쳤으면 어떻게 됐을까? 그것이 팬택이 지속적으로 성장하며 생명을 이어갈 수 있는 길은 아니었을까?

20세기 중국 작가 잔루의 우화인 '목욕한 파리'는 자신의 정체성을 제대로 파악하지 못하면 어떤 결말을 맞게 되는지 잘 보여준다.

✒️___오랫동안 음식을 먹지 못한 파리가 있었다. 음식을 놓아둔 곳마다 사람들이 파리채를 든 채 경계하고 있었기 때문이었다. 왜 그러는지 이해를 못하던 파리는 사람들이 더러운 것을 싫어한다는 말을 들었다.

"해결하기 쉬운 문제였군. 목욕 한 번 하면 그만 아닌가?"

파리는 중얼거리며 똥물 구덩이로 날아갔다. 그리고 똥물에 들어가 몇 번 날개를 치며 몸을 씻었다. 파리는 다시 음식이 있는 곳으로 와서 사람들에게 말했다.

"저 방금 목욕을 끝냈어요. 우리 함께 식사하자고요!"

그러나 사람들이 그에게 안겨준 것은 음식이 아니라 거친 파리채였다.

우광사오의 '치약의 운명'도 유사한 메시지를 전한다.

✒️___늘 쥐어 짜이거나 더러운 입속에 들어가 오물을 치우던 치약이 투덜거렸다.

"눈꽃처럼 하얗고 향기로운 냄새를 풍기는 내가 입속에 있는 오물이나 치워야 하다니! 난 과학자들이 정밀한 연구 끝에 개발한 고급 제품이란 걸 다들 알아야 해. 이제 다시는 그런 너절한 일 따위 하지 않겠어."

치약은 몸을 굴려 책상 아래로 숨었다. 주인은 1년이 지난 뒤에나 그를 찾아냈다. 치약은 이미 돌처럼 굳어져 있었다. 주인은 아무 말 없이 치약을 쓰레기통에 버렸다.

CEO가 회사 정체성을 정확하게 파악하지 못한 대가는 돌이킬 수 없다. 막대한 손실을 보는 것은 물론 파산의 빌미를 제공하기도 한다. 반면 정체성을 정확하게 인지하는 경우엔 최소한 큰 잘못은 피할 수 있으며, 더 나아가 기존 핵심 사업과 신성장동력을 유기적으로 연결하기 위한 영감을 얻을 수도 있다.

물론 급변하는 비즈니스 환경에서 정체성을 제대로 파악하기란 쉽지 않다. 따라서 최소한 분기별로 한 번은 임직원들의 진짜 능력과 활용할 수 있는 가용자원, 회사가 부가가치를 창출할 수 있는 각종 네트워크에 대한 정보를 점검해볼 필요가 있다. 이때 중요한 것은 겉으로 드러난 거품이나 기대감은 완전히 제외하고, 있는 그대로의 실체를 기준으로 해야 한다는 점이다. 그게 바로 회사의 정체성이기 때문이다.

06

잠재 역량은
백조를 탄생시킨다

대기업에 부품을 납품하는 중견기업 A사의 전산팀은 있어도 그만, 없어도 그만인 취급을 받았다. 전사적자원관리ERP 시스템을 비롯해 중요한 업무를 맡고 있었지만 수년간 전산 시스템을 업데이트하지 않아 그들의 활동 영역은 매우 좁았다. 현장에서는 여전히 주먹구구식으로 업무를 처리했고, 이로 인해 발생하는 비용이 어느 정도인지 가늠하기도 힘들었다. 그러다 보니 사내에서 전산팀의 위상은 거의 밑바닥 수준이었고, 도대체 전산팀이 하는 일이 뭐냐며 대놓고 힐난하는 사람도 있었다.

하지만 정보기술을 중요하게 여기는 대표가 새로 취임하면서 상황은 완전히 바뀌었다. 그는 전산팀 인력을 대폭 보강하고 원자재 구매 단계

PART 1. 경영은 판단력에 달려 있다   45

에서 생산, 거래업체에 제품이 납품될 때까지의 전 과정을 한눈에 파악할 수 있도록 ERP 시스템을 교체해나갔다. 처음엔 "이렇게까지 하지 않아도 회사는 잘 돌아가는데, 왜 큰돈을 써가며 야단법석을 떠는지 모르겠다"는 반응이 대세였다. 그럼에도 신임 대표는 2년에 걸친 정비와 1년 이상의 시범 운영을 성공적으로 끝냈다. 그 결과 불필요한 비용이 획기적으로 줄었고, 주요 임원들은 회사가 어떻게 움직이는지 투명하게 볼 수 있게 됐다. 이 덕분에 국내외 비즈니스도 더욱 확장할 수 있었다.

이 과정에서 가장 큰 변화를 겪은 곳은 역시 전산팀이었다. 과거 유명무실했던 전산팀은 이제 이 회사를 글로벌 강소기업으로 키우는 데 결정적인 역할을 하는 부서로 평가되고 있다. 회사 대표는 "ERP 시스템을 바꾸기 위해 전산팀이 엄청난 고생을 했지만 지금은 충분한 보상을 받고 있다"며 "미운 오리 새끼에서 백조로 거듭난 셈"이라고 말했다.

한국의 대표 기업인 삼성전자에서도 같은 사례를 찾을 수 있다. 비메모리반도체를 담당하는 시스템LSI사업부가 그렇다. 스마트폰 중앙처리장치CPU 역할을 하는 애플리케이션프로세서AP와 디지털카메라에 사용하는 이미지센서 등 다양한 곳에 활용되는 부품을 생산하는 부서다. 2015년 7월 삼성전자가 2분기 실적을 발표할 때 이 사업부가 주목을 받았다. 만성적자로 허덕이던 곳이 흑자전환에 성공했기 때문이다. 같은 해 3분기에도 꾸준히 이익을 내면서 삼성전자는 시장 예상을 뛰어넘는 실적을 올릴 수 있었다.

이는 삼성전자 입장에선 특히 의미가 큰 변화다. 삼성전자는 메모리반도체 부문에서는 부동의 1위를 지켜왔지만 비메모리반도체 사업에서는 이렇다 할 실적을 내지 못하는 상황이었다. 스마트폰이 부상하기 전까지 삼성전자의 시스템반도체는 세계 시장에서 10위권 밖으로, 비메모리반도체의 절대강자인 인텔이나 퀄컴에 비하면 초라하기 그지없었다. 이 때문에 삼성전자 내부에서 시스템LSI사업부는 '미운 오리 새끼' 취급을 받았다.

그러나 본격적인 모바일 시대가 오면서 시스템LSI사업부는 비상의 나래를 펴기 시작했다. 절대적 규모에서는 여전히 메모리반도체부서와 비교될 정도는 아니었지만, 성장률이 컸다. 그러다가 2011년 이후 대량 구매자였던 애플이 삼성전자와 특허 소송을 벌이며 주문을 끊자 매출과 영업이익이 급락해 2014년엔 무려 1조 원대 적자를 기록했다. 이런 상황에서도 시스템LSI사업부는 끊임없는 신기술 개발과 신제품 출시로 시장에서 좋은 반응을 얻었고, 주요 스마트폰 모델에 탑재되면서 턴어라운드에 성공한 것이다. 아직 진행형이긴 하지만 반도체 시장의 큰 흐름을 볼 때, 시스템LSI사업부가 삼성전자의 미운 오리 새끼로 회귀할 가능성은 높지 않다.

'미운 오리 새끼'는 안데르센의 동화집 《새로운 이야기들》 1권에 처음 실린 이야기로, 반전 효과를 살리기 위해 '어린 백조'라는 원제를 지금의 제목으로 수정했다고 한다. 예전에는 별 볼 일 없었지만 지금은 중요한 역할을 하는 사람을 비유할 때 많이 활용되는 이야기다. 또 겉모습으로만 판단하지 말고 잠재력을 봐야 한다는 교훈과 눈앞의 상황에 비관하지 말고 용기를 가져야 한다는 메시지도 전한다. 잘 알려졌지만 줄거리를 간단하게 정리해보면 이렇다.

✎ ___형제들과 달리 큰 알에서 태어난 새끼 오리는 몸집이 크고 못생겼다는 이유로 '왕따'를 당한다. 처음에는 그를 불쌍하게 여기던 어미 오리도 나중에는 그가 없어졌으면 좋겠다며 한탄한다. 상처를 받은 미운 오리 새끼는 집을 떠나 여기저기 방황한다.
춥고 배고픈 겨울을 이겨내고 따뜻한 햇살이 몸을 감싸던 봄날, 그는 우연히 자신이 하늘을 날 수 있음을 알게 된다. 그제야 미운 오리 새끼는 자신이 오리가 아닌 백조였다는 사실을 깨닫는다.

어디에나 백조가 될 수 있는 잠재력 있는 인재와 사업부서가 있기 마련이다. CEO가 어떻게 활용하느냐에 따라 이들은 미운 오리 새끼로 남을 수도 있고, 백조로 날아오를 수도 있다. 더 많은 백조를 발견하려면 두 가지가 필요하다.

먼저 비즈니스 환경의 변화와 회사 내부의 숨겨진 역량을 연결하는 통찰력이 있어야 한다. 삼성전자 시스템LSI사업부의 변신을 이끌어낸 능력이 여기에 해당된다. 스마트폰 시장이 폭발적으로 커지는 외부의 급변동은 시스템LSI사업부를 날 수 있게 만든 원동력이 됐다.

미운 오리 새끼를 백조로 키우는 두 번째 덕목은 유연한 사고다. 지금까지 실적을 내지 못한 직원이나 부서도 어떤 계기가 되면 폭발력을 발휘할 수 있다. 이 가능성을 현실로 만들기 위해서는 경영자가 기존의 편견을 깨고 이들에게 혁신 업무를 맡기는 유연성을 가져야 한다. '변하지 않는 것은 없다'는 생각은 때론 기적을 만든다. 아니, 제 모습을 찾아준다는 측면에서 변하도록 만드는 것은 기적이 아니라 '정상화'일 수도 있다. 기적이든 정상화든, 미운 오리 새끼가 백조로 변하는 모습은 비즈니스 세계에서도 멋진 일이다.

'변하지 않는 것은 없다'는

생각은 때론 기적을 만든다.

아니, 제 모습을 찾아준다는 측면에서 변하도록 만드는 것은

기적이 아니라 정상화일 수도 있다.

07

변동천하,
세상의 변화를 읽어라

　"강철의 시대는 지났습니다. 철로 50년 동안 회사를 잘 운영했으니 이제는 다른 품목으로 바꿔야 할 때도 됐지요. 얼마 전부터 동을 이용한 신소재로 눈을 돌렸습니다. 주삿바늘부터 자동차 부품까지 쓰이지 않는 곳이 없을 정도로 많이 활용되는 소재지요. 앞으로 이를 기반으로 한 제품들을 주력으로 생산하게 될 겁니다. 올해 안에 기존 강관공장 옆에 생산라인을 완공할 계획입니다."

　임수복 강림CSP 회장은 무계목강관접합부가 없는 철파이프을 우리나라에 전파한 기업인이다. 창업 전 강관 관련 기업에 다녔던 시기까지 포함하면 그가 강철과 인연을 맺은 기간은 반세기에 가깝다. 철의 혜택을 가장 많이 본 임 회장의 입에서 강철 비즈니스의 종언을 듣는다는 것은 아이러니하다. 하지만 국내 철강산업의 동향을 살펴보면 그냥 듣고 넘어갈 내용이 아니다. 변화를 내다보는 예언이 될 수도 있기 때문이다.

성공한 경영자들 중에는 아직 드러나지 않았지만 언젠가는 반드시 나타날 변화를 미리 보는 혜안을 가진 사람이 적지 않다. 산업 전반이 어려운 상황에서도 'K-뷰티' 돌풍을 일으키며 쾌속질주하고 있는 서경배 아모레퍼시픽 회장도 그중 한 명이다. 그는 중국에서 성공한 비결에 대해 이렇게 털어놓았다.

"1992년 한국과 중국이 수교한 것을 보고 가능성을 감지했습니다. 2년을 준비한 뒤 중국에 진출했는데 지사를 베이징과 상하이가 아닌 선양에 세웠지요. 중국의 변화 속도를 감안해 처음부터 계획을 크게 잡고 실패하기보다 작은 도시부터 차근차근 공략하기로 한 것입니다. 결과적으로 이 전략은 적중했습니다. 이렇게 현지화를 해나가면서 중국 뷰티 시장의 변화를 기다렸죠. 중국 소비 트렌드를 읽기 위해서는 '두 개의 창'을 봐야 한다는 사실도 알게 됐습니다. 바로 홍콩과 상하이지요. 중국의 변화는 두 지역에서 시작된다는 뜻입니다."

그는 아모레퍼시픽그룹 창립 70주년을 맞아 다시 뷰티 시장의 미래를 예측했다. 인구 1,000만 명 이상이 살고 있는 '글로벌 메가시티'가 예전에 비해 훨씬 더 중요한 곳이 될 것이라는 게 핵심이다. 중국에서 찾은 '두 개의 창'을 세계 시장으로 확대한 셈이다. 이에 따라 중국뿐 아니라 중동과 중남미, 동남아시아에 있는 글로벌 메가시티를 중심으로 현지에 적합한 신제품을 내놓을 것이라는 청사진도 제시했다. 만약 그의 예견이 정확하다면 K-뷰티는 반도체에 이어 한국을 대표하는 산업으로 발전할 것이다.

최명희의 대하소설인 《혼불》에는 변화를 보는 통찰력에 대해 생각하게 만드는 일화가 나온다. '변동천하變動天下'라는 의미심장한 화두를 던지는 부분이다. 양반사회가 무너지고 있음을 암시하기 위한 것이지만 우리 사회에도 던지는 교훈이 있다. 원효대사와 사명당이 스승과 제자로서 나누는 대화를 등장인물 중 한 명인 공배가 춘복을 비롯해 여러 사람들에게 전해주는 대목이다. '괘'를 통한 예언을 소와 뱀의 속성과 연관지어 풀어냈다. 작가 특유의 사투리와 문체의 맛을 살리기 위해 원문을 그대로 인용해본다.

✎___원효대사와 사명당이 어디만큼 옹게는 동산이 하나 나오드래. 그래 다리도 아푸고 해서 풀밭에 앉었는디. 마침 거그 꺼멍 소 한 마리허고 삘헌붉은 소 한 마리가 나란히 엎대어 누워 있어. 배를 깔고. 점심밥 먹고 새김질이나 허고 그러고 있었등가 모르제.

그걸 보고 원효대사가 물었어.

"너 어뜬 소가 몬야먼저 일어나것냐?"

그렇게 사명당이, 잠깐 지달르시라고 그러고는 괘를 요렇게 빼봉게 화괘火卦가 나와. 불 말이여. 불은 빠알간 안 형가?

"옳지" 하고는 "저 삘헌 소가 몬야 일어나것소" 했단 말이여?

"그러냐? 나는 꺼멍 소가 몬야 일어나것다."

스승의 말씀에 어디 보자 허고 조게 있응게. 아니 꺼멍 소가 펄떡 일어나네 그려. 아, 이거 웬일이냐, 이상허다. 내가 괘를 잘못 뺐는가.

"화괘가 나왔으면 뻘건 불잉게 뻘헌 소가 몬야 일어나야 허는디 어째서 꺼멍 소가 몬야 일어났습니까?"

사명당이 괴이해서 스승한테 여쭤봤것다. 그렁게는 원효대사 왈.

"그것이 변동천하란 거이다. 이놈아" 허고는 지팽이로 딱, 소리가 나게 사명당 머리팍을 때려부리네.

"이놈아, 불을 얻을라고 부싯돌을 팍 긁어대면 처음에는 꺼믄 연기가 뭉실 올라오잖냐. 꺼믄 것이. 그러고 나서야 뻘건 불이 붙지. 그래서 아무리 화괘가 나왔지만 꺼멍 소가 몬야 일어나고 뻘헌 소는 나중에 일어나는 거이다. 알것냐?"

다음은 원효대사와 사명당이 어떤 집에 묵게 됐을 때의 장면이다.

 원효대사가 또 물었제.

"너 오늘 저녁에 머 먹겄냐?"

그래서 아까맹이로 사명당이 괘를 뽑아 봤을 꺼 아니여? 그런디 사괘蛇卦가 나와. 비얌뱀. 비얌 사짜. 사괘. 그런디 비얌은 이러어케 길지 않어?

"국수 먹겄소."

그 말에 원효대사는 "나는 수제비 먹을 괘가 나온다" 그런단 말이여. 동글동글 수제비. 사명당이 속으로 생각했지. 우리 선생님은 참 요상허시다. 아, 사괘가 나왔으면 그거이 국순디. 비얌도 지댄허고걸고 국수 가닥도 지 댄헝게 그게 맞는디, 왜 수제비라고 그러싱고? 그런디 조께 있다가 밥상이 나오는디 봉게로 참말로 수제비가 나온단 말이여. 이게 무신 속이여?

"선생님, 왜 사괘가 나왔는디 수제비가 나온다요? 국수가 아니고."

"이놈아, 내가 아까 그리 안 허든? 변동천하를 알아야 한다고."

"변동천하요?"

"그렇제, 우리가 이 집에를 낮에 당도했으면 국수를 먹지마는, 밤에는 비 얌이란 놈이 굴속으로 들으가서 이렇게 사리고 안 있능가? 뚱글뚱글. 그 렇게 이놈아, 사괘가 수제비가 된 거이다."

기업을 지속 가능하게 만드는 경영자들의 공통점은 비즈니스 세상의 '변동천하'를 재빨리 인지한다는 것이다. 그들은 변동의 현상과 배경, 원 인과 결과를 통찰하는 능력이 남다르다. 그렇다면 이런 눈은 어디서 생 기는 걸까? 바로 전문지식과 주도면밀한 시장조사, 사업에 대한 애착 등이다. 그러나 가장 중요한 것은 상상력이다. 상상력이란 곧 급변하는 세계에서도 가장 핵심적인 것을 파악하는 힘, 그것을 사업에 적용하는 응용력이다. 바로 거기에서 '변동천하'의 소용돌이 속, 남들이 전혀 생각 하지 못했던 '보물'을 찾아내는 큰 부자가 탄생한다.

08

돼지와 양의
입장 차이

'입장 차이'라는 말을 실감하게 만든 사건이 있었다. 박삼구 금호아시아나그룹 회장이 금호산업 지분을 되찾아 오는 과정에서 생긴 일이다. 금호산업 우선매수권을 가진 박 회장과 채권단이 보인 신경전은 입장에 따라 동일한 주식이 얼마나 다르게 평가될 수 있는지 확인시켜줬다.

협상 초기, 채권단의 일원인 박현주 미래에셋 회장은 지분의 가치가 1조 원이 넘는다고 주장한 반면 박삼구 회장은 그 절반 수준이 적당하다고 목소리를 높였다. 2015년 9월, 우여곡절 끝에 박삼구 회장이 주당 4만 179원에 지분 50%+1주인 1,753만 8,536주를 인수하겠다고 밝히면서 새로운 국면을 맞았다. 총 금액은 7,047억 원으로 채권단이 하한선으로 생각하고 있는 액수를 어느 정도 충족시키는 수준이었다. 이런 우여곡절 끝에 박삼구 회장은 금호산업을 되찾아 오는 데 성공했다. 채권단에 속한 투자자들의 입장이 제각각이라 추가적으로 이견을 좁히는 작업이 필요하기 때문이다. 쉽지 않았지만, 적당한 선에서 타협을 본 것이다.

금호산업은 금호아시아나그룹 재건의 핵심에 있었다. 이 회사 지분을 확보해야 아시아나항공을 비롯한 주요 기업을 안정적으로 지배할 수 있기 때문이다. 만약 금호산업이 다른 기업에 넘어갔다면 그룹의 실질적 주인이 바뀌거나 그룹이 해체될 수도 있었다. 그러나 이런 현실적 필요성 외에도 금호산업은 금호아시아나그룹의 뿌리이자 상징이라는 측면에서 박 회장에게 생명과도 같은 기업이다. 금호산업의 모태인 광주택시가 1946년에 설립됐다는 점을 감안하면, 70년 가까운 세월 동안 금호아시아나그룹의 성장과 좌절, 기쁨과 슬픔을 함께한 셈이다.

자금만 풍부했다면 그는 2조 원을 달라고 해도 줬을 것이다. 그러나 박 회장에게 그만큼의 자금 여력은 없었다. 그룹을 정상화하려면 오히려 허리띠를 더 졸라매야 할 형편이었다. 금호산업 인수가로 처음 제시한 5,900억 원을 조달하는 것도 쉽지 않은 숙제였다.

이 금액은 당시 주가에 경영권 프리미엄을 10%가량 반영한 것이다. 그 정도면 충분히 성의를 보인 것이라고 판단했다. 이에 반해 박현주 회장은 전혀 다른 의견을 보였다. 그는 미래에셋을 통해 금호산업 지분에 투자한 연기금들에 적정 수익을 보장하고 산업은행이 투입한 공적 자금을 회수하려면 최소한 1조 218억 원을 받아야 한다고 주장했다. 그가 합리적이라고 생각한 경영권 프리미엄은 90% 정도였다. 박삼구 회장과 무려 80%포인트의 입장 차이를 보인 셈이다.

그렇다면 협상을 주도하는 산업은행을 비롯해 KB국민은행과 우리은행 등도 미래에셋과 같은 입장이었을까? 그렇지 않았다. 박현주 회장이 목소리를 높일 때 이들 채권단은 꿀 먹은 벙어리였다. 박삼구 회장이 제시한 금액이 말이 안 된다고 여기면서도 박현주 회장처럼 1조 원이 넘는 돈을 내라고 요구했다가는 도저히 합의점을 찾을 수 없을 것이라고 판단했기 때문이다.

미래에셋 외의 채권단이 돈을 더 내놓으라고 큰소리치지 못하는 이유에는 다른 요인도 있었다. 박삼구 회장에게 '찍히면' 향후 금호아시아나그룹과 거래할 때 힘들어질 수도 있다는 계산이 깔려 있었던 것이다. 바로 이 점이 채권단에 속한 금융사들의 입장을 복잡 미묘하게 만든 배경이다.

금호산업 매각 건에는 훈수꾼들의 입장도 작용했다. 정부와 언론, 금호아시아나그룹 계열사의 임직원과 거래업체들이 대표적이다. 박삼구 회장과 인연을 맺고 있는 대부분의 사람들은 금호산업이 하루빨리 그룹으로 편입되는 것을 응원했다. 이들은 직간접적으로 채권단을 압박하며 협상을 가능한 한 빨리 마무리 짓고 그룹이 정상적으로 돌아갈 수 있도록 해야 한다고 목소리를 높였다.

입장에 따라 생각과 행동이 어떻게 달라지는지에 대해서는 이솝우화에 많이 실려 있다. 가장 잘 알려진 우화가 '여우와 두루미'다.

✎___ 여우와 두루미가 같은 동네에 살고 있었다. 하루는 여우가 생일상을 차려놓고 친구인 두루미를 집에 초대했다. 여우는 맛있는 수프를 끓이고 있었다.

"많이 끓였으니 실컷 먹고 가렴!"

그러나 두루미는 난처한 표정을 지을 수밖에 없었다. 여우가 준 수프는 두루미가 먹을 수 없는 납작한 접시에 담겨 있었다. 두루미의 입장을 전혀 고려하지 않고 음식을 대접한 것이다.

얼마 뒤 두루미는 여우를 초대했고, 호리병에 수프를 담아 내놓으며 복수했다.

'돼지와 양'이라는 이솝우화도 입장 차이에 대해 이야기한다.

✎___ 돼지와 양들이 한곳에서 지내고 있었다. 어느 날 양치기가 돼지 한 마리를 잡았고, 그 돼지는 크게 비명을 질렀다. 양은 이런 돼지를 보며 말했다.

"우리 양들은 붙잡혀도 조용하게 있는데 너는 왜 이렇게 야단법석을 떠는 거니?"

그러자 돼지가 대답했다.

"너희 양들이 붙잡혀가는 이유는 털이나 젖 때문이지만 우리는 차원이 달라. 양치기가 돼지를 잡을 때는 고기를 먹고 싶을 때뿐이지. 너와 나의 입장은 완전히 다르다고!"

비즈니스에서는 거래처의 입장을 먼저 파악하는 것이 사업의 성패를 가른다고 해도 과언이 아니다. 포커나 화투를 칠 때, 상대 패를 보는 것과 같다. 문제는 상대의 패를 예상하기 힘든 것처럼 거래처의 진짜 입장을 알아내는 일 또한 어렵다는 것이다. 상대가 속으로 생각하고 있는 바를 파악할 때는 은밀하면서도 정확해야 한다. 제3자의 눈으로 바라보는 객관성도 가져야 한다. 헛다리 짚었다가는 협상을 완전히 망칠 수도 있기 때문이다.

상대의 입장을 제대로 알고 서로의 이견을 줄이려면 많은 노력과 경험이 필요하다. 인간을 이해하고 사물과 상황의 본질을 꿰뚫어 보는 혜안도 갖춰야 한다. 유능한 경영자가 되려면 반드시 키워야 할 능력이다. 이런 측면에서 박삼구 회장이 금호산업을 되찾는 과정에서 겪었을 어려움과 깊은 고심은 경영자로서 그를 더욱 성숙하게 만든 자양분이 됐을 것이다.

09

'비효율의 늪'
탈출법

'업은 아이 3년 찾는다'는 말이 있다. 가까운 곳에서 문제를 해결할 수 있는데도 불구하고 필요 없는 수고를 하는 사람을 비유하는 속담이다. 실제로 기업을 잘 들여다보면 3년이 아니라 10년 이상이 지났는데도 업은 아이를 발견하지 못하고 불필요한 비용을 쓰는 경우가 있다.

여러 대기업에 소모성 부품을 공급하는 한 중소기업은 모든 제품을 주문 바로 다음 날 배송하는 원칙을 고수했다. 투입비용이 만만찮았지만, 그것이 고객사를 위한 최상의 서비스라고 여겼다. 그런데 어느 날, 이 기업 대표는 고객사 사람들과 식사를 하던 중 이런 말을 듣게 됐다.

"부품을 받아 바로 쓰는 일은 거의 없어요. 주문한 뒤 3~4일 안에만 배송돼도 상관없는데 물건이 정말 빨리 오더라고요. 우리 쪽에서야 나쁠 건 없지만….”

대표는 그 다음 날 바로 담당 직원에게 고객사들이 주문 후 언제까지 물건을 받는 것이 좋은지 조사해보도록 시켰다. 결과는 의외였다. 열 곳 중 일곱 개 이상의 업체에서 3일 안에만 도착하면 된다는 답변이 왔다. 배송기간을 넉넉하게 잡으면 비용이 얼마나 절약되는지도 알아봤더니, 연간 약 3억 원의 비용을 줄일 수 있다는 계산이 나왔다. 전체 배송비의 15%에 달하는 금액이었다. 주문 후 즉시 받아야 하는 물건과 그렇지 않은 것을 분류한 뒤 차별화해 배송하는 것만으로도 적지 않은 비용을 절감할 수 있었던 것을 그동안 방치했던 셈이었다.

1,200억 원의 매출을 올리는 한 중견기업은 관행적으로 집행하던 모든 예산을 조목조목 살펴본 결과 11억 원이 낭비되는 것을 발견했다. 또 다른 기업은 연간 지출되는 비용 105억 원 중에 9%가량의 숨어 있는 낭비 요소를 찾았는데, 놀랍게도 절감을 잘하고 있다고 믿었던 분야에서 낭비되는 금액이 가장 컸다.

불필요한 비용을 쓰게 되는 과정을 보면 언제나 시작은 사소하다. 처음에는 별것 아닌 것처럼 보이기 때문에 그냥 넘어가고, 시간이 흐르면서 고질병이 된다. 후임자는 전임자의 관례를 그대로 이어받아 시행한다. 그러면서 그것이 최적화된 일처리 방식이라고 믿는다. 꼼꼼하게 본질부터 따지는 것보다는 그 편이 쉽기 때문이다.

더 심각한 것은 이렇게 업무를 보면서 자신이 전문가이며 비용을 가능한 한 적게 쓰고 있다고 착각한다는 점이다. 그러다가 문제가 생기면 전임자 탓을 하고 책임을 모면하기에 바쁘다. 이처럼 기존 관행을 따르면서도 전문가라고 생각하는 사람이 많은 기업일수록 비효율의 늪에서 빠져나오기가 쉽지 않다. 크르일로프는 '보석상자'라는 우화에서 기본에 소홀한 전문가의 어리석은 모습을 이렇게 묘사한다.

어떤 사람이 작은 보석상자를 선물로 받았다. 그 상자는 예쁘고 정교하게 만들어져 사람들 모두가 탐을 냈다. 그중 정밀한 기계를 만드는 기계공이 나섰다.

"이 상자에는 아주 기묘한 장치가 돼 있을 것이오. 상자를 열어볼 열쇠 구멍도 없지 않습니까?"

주변 사람들은 고개를 끄덕이며 상자를 다시 뚫어지게 쳐다봤다. 기계공은 보석상자를 이리저리 살펴보면서 말했다.

"열쇠가 없어도 상관없소. 내가 여러분께 상자를 바로 열어 보여드리겠소."

그러나 기계공은 얼굴이 빨개질 때까지 상자를 열지 못했다. 그는 상자가 열리기만을 기다리던 사람들에게 화풀이하듯 말했다.

"그렇게 비웃지 마시오. 내가 틀림없이 그 기묘한 장치를 찾아내 상자를 열어 보일 테니까! 기계에 대해 나만큼 잘 아는 사람이 누가 또 있겠소?"

기계공은 모든 사람들의 기대를 받으며 상자 열기에 몰두했다. 그는 자기가 아는 지혜를 모조리 짜내 상자의 여기저기를 주무르거나 이쪽에 박힌 못, 저쪽에 막힌 못, 손잡이까지 힘줘 누르고 돌려봤다. 그러나 보석상자는 조금도 열릴 기미가 보이지 않았다.

시간이 한참 흘렀다. 그러자 사람들은 기계공을 보면서 '저렇게 해서는 안 될 텐데' 하고 고개를 갸웃거렸다. 몇 사람은 의심의 눈길을 보이며 수군거리기도 했다. 기계공의 귀에도 사람들의 비웃음이 들려왔다. 조롱이 커지면 커질수록 그의 마음은 더욱 조급해졌고 비지땀이 뚝뚝 떨어졌다.

하지만 상자는 열리지 않았고, 기계공은 마침내 포기할 수밖에 없었다. 그는 완전히 지쳐 자리에 주저앉고 말았다. 그때 누군가 그냥 아무렇게나 뚜껑을 열어봤다. 그런데 보석상자가 그대로 열리는 것이 아닌가. 기계공은 망연자실한 표정으로 열린 보석상자를 쳐다볼 수밖에 없었다.

'고르디우스의 매듭'이나 '콜럼버스의 달걀'은 발상의 전환을 상징하는 일화로 유명하다. 누구도 풀 수 없을 만큼 복잡하게 꼬여 있는 매듭을 '잘라서' 풀어낸 알렉산더나 둥글둥글한 달걀을 '톡톡 깨서' 세워놓은 콜럼버스의 공통점은 기존 관행을 무시할 수 있는 용기와 기본으로 돌아가 문제를 단순하게 보는 혜안이 있었다는 사실이다.

전통을 이어받아 잘 발전시키는 것도 좋지만 때로는 옛것을 모조리 무시하고 제로베이스에서 다시 볼 필요도 있다. 특히 성장이 정체돼 있거나 조직이 매너리즘에 빠져 비효율적으로 방치된 상황에서는 초심으로 돌아가 모든 것을 다시 시작한다는 각오가 있어야 한다. 그래야 꼬인 매듭을 자르고 달걀을 깨서 세우는 혁신이 일어나며, 난국을 타개하는 길을 찾을 수 있다.

10

애플맵스,
돼지 목에 진주목걸이?

그를 처음 만나게 된 것은 '카프라'라는 완구 때문이었다. 벌써 15년도 더 지난 일이다. 카프라는 나무조각으로 된 교육 완구로, 탑을 쌓거나 집을 만드는 과정을 통해 창의성을 높일 수 있다. 당시 그는 카프라 영업·마케팅 담당자였는데, 홍보 업무도 맡고 있었는지 카프라에 대해 설명하며 소개 기사를 부탁했다. 흥미를 끄는 아이템이라 간단하게 기사를 썼고, 그것이 인연이 돼 가끔씩 만나 교류했다.

몇 년이 지난 뒤, 회사를 나와 독립을 선언했다. 그 후로도 뜸하게 한 번씩 만났는데 그때마다 아이디어 상품을 들고나왔다. 그는 열정적인 설명과 함께 이 상품이 무조건 성공할 수밖에 없다고 확신했다. 그러나 그가 말한 제품 중 현재 시중에 팔리는 것은 없었다. 한번은 종이로 된 일회용 커피 홀더를 약간 변형한 시제품을 보이며 이번엔 꼭 성공할 것이라고 했다. 커피 홀더 윗부분 중 한 곳을 살짝 튀어나오게 접어 손에서 미끄러지지 않게 하는 제품이었다.

"특허 신청까지 했어요. 요즘 스타벅스 같은 커피 전문점이 많기 때문에 수요는 무궁무진합니다. 이미 관심을 보이는 커피 프랜차이즈들이 있어요. 이번엔 정말 대박 예감이 들어요. 잘되면 한턱 쏠게요."

이 말을 하고 자취를 감춘 지 몇 년이 지났다. 하지만 어떤 카페에서도 그가 말한 커피 홀더를 본 적은 없다. 이번에도 그를 흥분하게 만들었던 아이디어 제품은 재미를 못 본 것일까?

이렇듯 자기만의 생각에 갇혀 실패하는 일이 중소기업 대표에게만 일어나는 것은 아니다. 지난 2012년 미국 CNN은 그해 실패한 10대 IT기술을 발표했다. 1위는 '애플맵스'였다. 세계 IT 시장을 호령하던 애플은 구글맵스에 버금가는 지도를 만들 것이라고 장담했다. '애플이 하면 무조건 된다'는 자신감의 발로였다. 하지만 결과는 굴욕이었다.

새로운 애플의 OS운용체계와 함께 발표된 애플맵스는 일부 지역을 제외하면 데이터가 턱없이 부족했다. 오류도 많고 주요 지형지물의 위치가 잘못 표기된 곳도 많았다. 3차원 그래픽을 시도했지만 기본 정보가 제대로 탑재돼 있지 않은 상황이었기 때문에, 이것은 장점이 되지 못했다. 조금 심하게 비유하면 돼지 목에 진주 목걸이를 채워놓은 것처럼 우스꽝스럽기까지 했다. 결국 CEO인 팀 쿡은 애플맵스의 오류에 대해 공식

사과했고 개발을 담당했던 사람들은 회사를 떠나거나 좌천됐다. 애플맵스는 진화를 거듭해 지금은 많이 좋아졌지만 구글맵스에 비하면 여전히 수준이 떨어진다.

소니도 자기만의 생각에 빠져 굴욕을 맛봤다. 가장 대표적인 것이 1980년대 나온 비디오테이프다. 소니는 자사의 베타맥스가 당연히 시장을 지배할 것이라고 확신했다. 화질을 비롯한 거의 모든 측면에서 베타맥스는 JVC의 VHS를 포함해 경쟁 제품들보다 월등한 기술력을 자랑했다. 하지만 경쟁 상대들도 장점이 있다는 사실을 간과했다. 이 중 JVC의 VHS는 화질에서는 열세였지만 녹화시간과 가격에 강점이 있었다. JVC는 소니를 이기기 위해 비디오를 많이 사용하는 영화사들을 우군으로 끌어들였다. 그 결과 VHS 방식은 비디오 표준으로 자리 잡았고 콧대 높았던 소니는 큰 시장을 놓치는 오류를 범하고 말았다.

삼성전자도 자기만의 생각에 갇히는 바람에 경쟁력 없는 기술에 오랜 기간 매달린 사례가 있다. '와이브로'가 그것이다. 삼성전자는 2002년 한국전자통신연구원ETRI과 공동으로 와이브로를 개발했다. 물론 당시에는 뛰어난 모바일 기술로 평가됐다. 2006년 KT와 SK텔레콤이 와이브로 사업자로 선정됐고 서울과 수도권 일부 지역에서 처음으로 상용화 서비스에 들어갔다. 삼성전자는 당시 와이브로가 모바일 분야에서 글로벌 표준이 될 것이며 몇 년 안에 수천만 명이 사용하게 될 것이라고 장담했다. 와이브로 기술을 알리기 위한 대대적인 광고와 전문가 포럼도 개최했다.

하지만 모바일산업은 삼성이 원하는 방향으로 가지 않았다. 경쟁 기술인 WCDMA가 시장을 지배하면서 와이브로는 설 자리가 점점 좁아졌다. 모바일 표준으로 자리 잡은 LTE는 WCDMA에 뿌리를 둔 기술이다. 와이브로는 폭증하는 데이터를 감당하기 힘들기 때문에 입지가 더 줄어들 가능성이 높다. 이미 국내 이동통신 시장에서도 와이브로가 차지하는 비중은 1%가 되지 않는다. 통신 사업자들도 그 비중을 축소하고 있는 추세다.

크르일로프의 '거미와 꿀벌'은 이처럼 자신만의 생각에 갇혀 있는 어리석음을 비웃는 우화다.

✎ ___ 한 상인이 시장에 옷감을 가지고 나왔는데 옷감이 너무 훌륭해서, 사기 위한 줄이 길게 늘어설 정도였다. 상인의 옷감이 잘 팔리는 것을 본 거미는 부러워 시샘이 났다. 거미는 자기도 옷감을 짜기로 결심하고, 며칠 밤을 꼬박 세워가면서 열심히 만들었다. 정말 훌륭한 옷감이 만들어졌다고 생각한 거미는 자신의 가게에 그 옷감을 진열해놓고 목에 힘을 잔뜩 주며 말했다.

"이제 날이 밝으면 손님들이 내 가게로 몰려올 거야. 어떤 옷감보다 뛰어나니까."

드디어 날이 밝았다. 그런데 예상치 못했던 일이 일어났다. 한 장난꾸러기 아이가 빗자루로 거미의 옷감을 몽땅 쓸어버린 것이다. 거미는 화가 나서 소리쳤다.

"누가 감히 이런 짓을 한 거야! 그렇다고 내가 가만히 있을 줄 알고? 사람들에게 묻겠어. 상인의 옷감과 내 옷감 중 어느 쪽이 더 훌륭한지 말이야."

이런 거미의 모습을 지켜보던 꿀벌이 말했다.

"자네 옷감이 훨씬 훌륭하네. 거기에 이의를 제기할 사람은 없겠지. 오래전부터 다들 알고 있었을 거야. 그렇지만 자네의 옷감은 아무 쓸모가 없어. 자네가 짠 옷감으로는 사람들의 옷을 만들지 못하니까. 그렇지 않은가?"

이 질문에 거미가 뭐라고 대답했을지는 모르겠다. 자기만의 생각에 빠져 착각했다며 오류를 인정했을까, 아니면 인정할 수 없다고 우겼을까? 우리는 꿀벌의 지적을 수용하며 자신만의 생각에서 빠져나올 수 있을까? 기업을 경영하는 사람이라면 새로운 사업을 할 때마다 거미처럼 자신만의 생각에 갇혀 잘못된 판단을 내리고 있는 것은 아닌지 심사숙고해봐야 한다.

11

위대한
부수효과

코스닥 상장사로 레이저장비를 생산하는 LIS의 대주주 나일석 회장은 '촉'이 좋은 사람이다. 돈 될 만한 것이 무엇인지 포착하는 능력이 남다르다. 그의 촉은 제조업에 뛰어들기 전부터 이미 증명됐다. 30대에 부동산 개발 사업을 시작한 그는 10년가량 많은 지역에서 사업을 펼쳤는데, 대부분 성공한 것으로 알려졌다. 부동산 개발은 사실 로또와도 같은 사업이다. 한 번만 성공해도 막대한 돈을 벌 수 있지만, 자금 운영에 실패해 큰 손실을 보고 신용불량자로 전락하는 경우도 많다. 이런 분야에서 실패하지 않았다는 것은 보통 촉이 아니면 불가능하다.

LIS는 시장에선 디스플레이 패널 공정에 투입되는 레이저장비업체로 알려졌지만 사실 다른 사업으로 더 높은 수익을 올리고 있다. 사후면세점이 그것이다. 사후면세점이란 외국인이 3만 원 이상 상품을 사면 출국 때 공항 내 환급 창구에서 부가가치세와 개별소비세를 돌려주는 곳이다. 나 회장의 촉은 이 분야에서도 빛나고 있다. 더 큰돈을 벌 수 있는 데이터와 노하우를 지속적으로 축적하고 있다는 점에서 그렇다. 그가 짜놓은 사업 구조를 보면 이 말이 무슨 뜻인지 알 수 있다.

그는 2010년 중국 관광객을 유치하는 여행사를 인수했다. 중국 국적을 가진 조선족이 세워 운영하던 회사 지분을 넘겨받은 것이다. 최근에는 하얼빈 최대 여행사인 중국국제여행사CITS와 중국 관광객 유치를 위한 업무협약을 체결하기도 했다. 나 회장과 함께 경영에 참여하고 있는 윤장원 LIS 대표는 중국인 대상 여행업 및 사후면세점 사업의 성공과 잠재력에 대해 이렇게 설명한다.

"한국을 방문하는 중국 관광객이 급속히 늘고 있습니다. 이에 가장 수혜를 본 곳 중 하나가 바로 우리가 운영하는 여행사입니다. 중국인 중 해외여행이 처음이거나 저가 상품을 찾는 사람들이 우리의 주 고객입니다. 이들이 여행 경비로 내는 돈으로는 수익을 낼 수 없기 때문에 사후면세점을 붙인 겁니다. 관광객이 사후면세점에서 상품을 사며 발생하는 매출의 상당 금액이 여행사의 실제 수익으로 잡힙니다. 대부분의 저가 여행 상품이 이런 구조로 돼 있죠. 중국 관광객이 늘면서 사후면세점 매출도 급증하고 있습니다. 하지만 더 중요한 사실은 앞으로 중국 관광객들을 기반으로 하는 빅데이터 사업을 할 수 있다는 점입니다. 우리를 통해 한국에 들어오는 중국 관광객이 이미 누적 기준으로 수백만 명에 달했고 그 수는 점점 더 늘고 있습니다. 우리가 중국 관광객에게 제공하는 호텔 방만 해도 하루 4,500실이 넘습니다. 중국 관광객이 어느 곳에서 어떤 물건을 샀는지, 또 무엇을 원하는지를 DB로 구축한다면 엄청난 정보가 될 겁니다. 그 작업을 진행하고 있어요. 중국인 대상 여행업과 사후면세점을 연계하는 사업은 이처럼 '막강한 DB'라는 부수 효과를 내고 있습니다. 이것이 현재 사업보다 훨씬 더 큰 잠재력이 있을 것으로 확신합니다."

나 회장은 일찌감치 이런 청사진을 그려놓고 제주도 사후면세점인 JDS와 진선미듀티프리 화장품 전문점을 인수했다. 한국을 방문했던 관광객을 대상으로 중국 내 온라인 유통 사업 등 다른 부수 사업도 지속적으로 모색하고 있다. 부수 효과의 힘을 직접 체험한 그로서는 당연한 선택이라고 할 수 있다.

부수 효과의 성공학과 관련해 빼놓을 수 없는 대표적 사례가 비아그라를 개발한 화이자다. 비아그라는 협심증 치료제로 개발되던 중 남성 발기에 효능이 있다는 부수 효과가 밝혀지며 발기부전 치료제의 대명사가 된 약이다. 화이자는 '협심증 치료'라는 본래 의도가 아닌 부수 효과로 발견된 '발기부전 치료'로 대박을 냈다. 이뿐 아니라 인류의 성性생활에도 큰 영향을 줬으니 '위대한 부수 효과' 사례라고 말할 수 있다.

탈무드의 '기막힌 처방'이라는 우화는 부수 효과가 때로는 매우 유용하게 활용될 수 있다는 것을 보여준다.

✎___ 어느 날, 의사에게 환자 한 명이 처방을 받으러 왔다. 그는 기침이 심하고 호흡도 잘 못하는 천식환자였다. 의사는 그에게 천식약이 아니라 먹으면 바로 설사하는 약을 처방했다. 물론 환자는 이 사실을 전혀 모르고 약을 먹었다. 얼마 후 환자가 다시 의사를 찾아왔다.

"약을 드시고 난 뒤 천식은 좀 개선이 됐나요?"

의사의 물음에 환자가 대답했다.

"네, 천식은 많이 좋아졌어요. 선생님께서 주신 약을 먹으니까 마음 놓고 기침을 할 수 없더군요. 자칫 기침을 잘못했다가는 설사가 바로 나와서요. 그래서 이렇게 감사하다고 인사하러 온 겁니다."

일석이조─石二鳥, 일거양득─擧兩得, 일타쌍피─打雙皮, 꿩 먹고 알 먹고, 도랑 치고 가재 잡고, 님도 보고 뽕도 따고, 누이 좋고 매부 좋고….

한 가지 일을 하면서 다른 이익을 본다는 말이 이렇게 다양한 것은 이미 많은 사람들이 부수 효과 덕분에 짜릿한 기쁨을 맛봤다는 증거다. 비즈니스에서도 부수 효과가 따를 때, 그렇지 않을 때보다 더 많은 수익을 올리면서 재미도 느낄 수 있다. 이런 측면에서 현재 진행 중인 사업이 몰고 올 파장까지 고려해보는 과정이 필요하다. 그 파장이 부수 효과로 나타날 것으로 예상된다면 이를 극대화하는 전략을 짜면 되고, 반대로 사업의 지속성을 막는 부작용이 나타날 가능성이 높다면 최소화하는 대책을 마련해야 한다. 이를 잘할 수 있어야 LIS의 나 회장과 같이 촉 좋은 경영자로 평가받을 수 있다.

12

과거의
영광은 잊어라

2013년 여름, 전 세계 언론은 자신들의 운명과도 무관하지 않은 충격적인 소식을 전했다.

"136년의 역사를 가진 〈워싱턴포스트〉가 아마존닷컴 창업자 제프 베조스에게 팔리다."

〈워싱턴포스트〉 하면 가장 먼저 떠오르는 것은 '워터게이트 스캔들'이다. 1972년 6월 미국의 닉슨 대통령이 재선을 위해 수사당국을 동원해 워터게이트 건물에 있는 민주당 전국위원회 본부에 도청장치를 설치하려다 발각된 사건이다. 〈워싱턴포스트〉의 젊은 기자 두 명이 이를 처음으로 보도했고, 결국 닉슨 대통령이 물러나는 것으로 결말이 난다. 자유

언론의 역사에 길이 빛나는, 너무나도 유명한 특종이다. 이 보도로 〈워싱턴포스트〉의 명성은 더욱 높아졌다. 이외에도 그들은 다양한 기획 기사와 특종을 통해 정치인의 잘못된 행태와 정부 정책을 바로잡는 역할을 수행했다. 미국이 더욱 투명하고 정의로운 국가로 성장하는 데 밑거름이 된 것이다.

그러나 2000년대 중반 이후 〈워싱턴포스트〉는 내리막길을 걸었다. 인터넷의 등장으로 미디어 시장이 급변하고 있음에도 불구하고 기존 방식을 고수하려 했기 때문이다. 이 시기에 〈워싱턴포스트〉를 방문했던 한국의 한 언론인은 "〈월스트리트저널〉 등 일부 미국 언론은 온라인 시대에 맞춰 디지털 콘텐츠를 강화하려 하고 있는 반면 그들에게는 이런 노력이 없었다"며 "편집인과 기자들은 과거의 명성을 잊지 못하고 헛된 자부심에 가득 차 있다는 느낌을 받았다"고 전했다.

이는 실적에도 그대로 나타났다. 베조스에게 매각되기 직전, 〈워싱턴포스트〉는 누적되는 적자와 부수 감소로 더 이상 지속되기 어려울 정도로 절망적인 상태에 빠져 있었다. 독자 수는 가장 많았을 때와 비교해 절반으로 줄었고, 2012년엔 5,000만 달러가 넘는 적자를 기록하기도 했다. 말 그대로 '빈사상태'였다. 옛 영광을 운운할 상황이 아니었다.

다행히 〈워싱턴포스트〉는 아마존과의 화학적 결합을 통해, 지금은 부활의 노래를 부르고 있다. 주인이 바뀌면서 과거의 찬란했던 시절을 잊고 과감한 변신을 시도 중이다. 기자와 편집인에 더해 소프트웨어 전문가들을 제작에 참여시키는 등 온라인과 모바일 독자를 겨냥했다. 이렇듯 온라인 독자들이 더 편하게 볼 수 있도록 소프트웨어를 개발하고, 콘텐츠를 책임지는 기자와 편집인이 더 유용하고 다양한 뉴스를 제공하자 사이트를 찾는 방문객은 지속적으로 늘고 있으며 실적도 점점 회복되는 추세다. 그들의 변신이 성공할지 여부는 아직 진행형이라 단정하기 어렵다. 그러나 옛 영광을 잠시 뒤로하고 새로운 시도를 하고 있다는 점은 높이 평가할 만하다.

크르일로프의 '거위들'은 매각 직전의 〈워싱턴포스트〉와 같이 옛 영광에 취해 현실에 잘 적응하지 못하는 거위들을 비웃는 우화다.

✎___ 농부가 거위들을 팔기 위해 시장으로 몰아가고 있었다. 시장이 파할 시간이 점점 다가왔기 때문에 농부는 막대기를 휘두르며 거위들을 재촉했다. 농부의 이런 행동이 불만스러웠던 거위들은 길에서 만난 여행자에게 불평을 늘어놓았다.

"거위보다 불쌍한 동물은 없을 겁니다. 농부는 우리를 무시하고 마구 다루고 있어요. 농부가 지금처럼 잘살 수 있게 된 건 다 우리 거위들 덕분이라는 사실도 모르나 봐요."

이 말에 다른 거위들도 목소리를 높였다.

"옛날에 로마를 구한 거위가 있었는데 우리는 그 거위의 후손들이거든요. 로마 사람은 우리 조상님께 고마움을 표하기 위해서 거위 기념일까지 정해놓았지요."

그러자 여행자가 물었다.

"그렇다면 너희들은 왜 특별한 대우를 받고 싶은 거지?"

"그거야 우리 조상이…."

"그래, 너희 거위들에 관한 일은 역사책에서 읽어 다 알고 있다. 나는 너희들이 이 농부에게 얼마나 많은 도움을 줬는지 알고 싶구나."

거위들은 대답했다.

"그러니까 우리 조상님이 로마를 구했단 말이에요."

여행자가 다시 물었다.

"그 일은 잘 알고 있다니까. 내가 궁금한 것은 너희들이 농부에게 무슨 도움을 줬는가 거야."

그러자 거위들은 말했다.

"우리요? 우리는 아무 일도 안 했어요."

여행자는 측은한 표정으로 거위들을 바라보며 이렇게 결론을 내렸다.

"그렇다면 너희들은 쓸모없는 짐승이구나. 이제부터 그 훌륭한 조상 거위의 이름을 팔지 않는 게 좋겠다. 너희 조상이 존경을 받는 것은 그가 쌓은 공로 덕이니까. 너희들은 아무 일도 한 게 없으니 그저 사람들의 식탁에 오를 수밖에 없겠구나."

여행자의 말을 들은 거위들은 깜짝 놀라 시끄럽게 다시 큰 소리를 질러댔다.

과거 한국의 경제를 발전시켰던 많은 기업들이 있다. '산업의 쌀'인 철강을 생산해 세계적인 기업으로 성장한 포스코를 비롯해 글로벌 IT 시장을 주도하는 삼성전자, 자동차 강자인 현대차, 조선업계의 선두주자 현대중공업이 대표적이다. 선배들의 피나는 노력이 지금의 삼성, 현대차, 포스코, 현대중공업을 만들었다. 찬란한 과거를 자랑해도 좋을 역사를 가지고 있다.

그러나 현재 상황은 옛 영광에 심취할 만큼 여유롭지 못하다. 삼성전자는 중국 IT기업의 맹추격을 당하고 있고 현대차는 국내외 모두 판매 부진으로 골머리를 앓고 있다. 포스코와 현대중공업 역시 오랜 기간 지속된 철강·조선 시장의 침체와 치열한 경쟁, 방만한 경영 등 복합적인 요인으로 위기에 직면해 있다. 두 업체는 어려움을 극복하기 위해 강도 높은 구조조정을 시행 중이다. 이 시대가 던지는 도전에 제대로 응할 것인가, 아니면 옛 영광에 취해 몰락의 길로 갈 것인가? 이는 전적으로 현재 이들 기업을 이끌고 있는 CEO와 임직원들의 생각, 그리고 실행력에 달려 있다.

이 시대가 던지는

도전에 제대로 응할 것인가,

아니면 옛 영광에 취해

몰락의 길로 갈 것인가?

13

분식경영과
실속경영의 차이

현주컴퓨터는 1990년대 말과 2000년대 초 대학가를 중심으로 선풍적인 인기를 끌었다. 이 회사 창업자인 김대성 사장은 '한국의 델컴퓨터'를 꿈꾸던 경영자였다. 코스닥에 입성했던 2001년 무렵 그가 언론들과 가진 인터뷰를 보면 자신감이 최고조에 달했음을 읽을 수 있다.

당시 고공행진했던 실적은 김 사장의 확신을 뒷받침한다. 현주컴퓨터는 1998년 매출이 400억 원 초반에 불과했지만 그 다음 해에는 1,200억 원대로 껑충 뛰었다. 2000년에는 3,300억 원대의 실적을 올리면서 국내 3대 PC업체로 자리를 굳혔다. 세운상가와 더불어 한국 컴퓨터산업의 발흥지라고 할 수 있었던 용산전자상가에서 몸을 일으켜 굴지의 IT기업을 일궈나가는 김 사장의 모습을 보며 많은 사람들이 큰 기대를 걸었다.

하지만 현주컴퓨터의 급성장에는 맹점이 하나 있었다. 단기간에 판매를 늘리기 위해 조립 PC 수준으로 제품 가격을 낮추었으면서도 광고 마케팅 비용을 과다하게 사용했던 것이다. 김 사장은 1997년 IMF 외환위기 직후 다른 기업이 허리띠를 졸라맬 때 역발상 전략을 채택했다. 마케팅 비용을 위기 이전보다 몇 배나 더 썼다. 이런 투자가 매출 3,000억 원대 기업으로 성장하는 발판이 됐다. 돈을 너무 많이 쓰는 것 아니냐는 지적에 그는 부채가 없고 현금흐름이 좋기 때문에 아무런 걱정이 없다고 장담했다. 한술 더 떠 사옥과 교육센터를 건립하고 다양한 분야로 사업을 넓혔다.

그러나 돈을 물 쓰듯 쓴 부작용은 곧 나타났다. 매출이 꺾이면서 손실이 눈덩이처럼 커졌다. 노사 문제와 경영권 분쟁까지 불거지면서 회사는 더욱 큰 어려움에 빠졌다. 김 사장은 경영권을 유지하기 힘들어 2004년 불과 45억 원에 현주컴퓨터를 강웅철 씨에게 매각했다. 강 씨는 현재 안마의자 1위 업체인 바디프랜드의 영업본부장으로 일하고 있다. 그는 바디프랜드 대주주인 조경희 회장의 첫째 사위이기도 하다. 새로 사령탑에 오른 강 사장은 사옥을 매각하고 대규모 감원과 수출에서 활로를 찾으려고 했지만 현주컴퓨터를 재건하는 것에 실패했다. 그가 인수하고 1년이 조금 넘은 2005년 4월 현주컴퓨터는 최종 부도 처리됐고, 상장 4년 만에 코스닥에서 불명예 퇴출된 비운의 기업으로 기록되고 말았다.

현주컴퓨터가 몰락한 원인은 겉모습만을 화려하게 꾸미려는 분식경영 탓이었다. 수익이 감당하기 힘든 비용으로 광고 마케팅을 펼치면서 그럴듯한 사옥을 마련하고 과도하게 서비스 네트워크를 확대하는 등 내실보다 외부에 보여주는 일에 더 신경을 썼던 게 결국 부메랑이 돼 돌아왔다.

　　현주컴퓨터와 달리 조용하게 내실을 추구하는 기업은 매우 많다. 외부 간섭이 싫어 상장도 하지 않으려는 경영자들도 있다. '핫러너' 분야의 글로벌 강소기업인 유도그룹의 유영희 회장도 이런 유형에 속한다. 핫러너는 사출 제품의 핵심 설비다. 그룹의 주력인 유도실업은 핫러너 세계 시장점유율 17%를 차지하며 압도적 1위를 달리고 있다. 유 회장이 밝힌 그룹의 부채비율은 16%에 불과하다. 환율 관리 차원에서 은행과 관계를 맺기 위한 최소한의 차입금이 대부분이다. 사실상 무차입경영을 하고 있는 셈이다. 이런 이유 때문인지 유도그룹은 업계에서 내실경영을 하는 알짜기업으로 명성이 자자하다. 상장을 통해 투자자금도 받고 기업가치도 높일 필요가 있지 않느냐는 질문에 유 회장은 이렇게 대답했다.

　　"이미 오래전 상장 요건을 갖춰놓았지만 기업공개IPO를 할 뜻은 없습니다. 오히려 상장하지 않은 것을 다행이라 생각하고 있어요. 상장을 했다면 기업 비밀이 외부로 새어 나갈 수도 있고, 회사 경영에 불평하는 사람도 많았을 겁니다."

　　겉모습만 보고 기업을 판단해서는 안 된다는 교훈을 주는 대표적인 우화가 안데르센의 '미운 오리 새끼'다. 실제론 오리보다 훨씬 아름다운 백조지만 다른 오리들과 외모가 다르다는 이유로 따돌림을 당한다는 이야기다. 프랑스 작가 라퐁텐이 쓴 '급류와 강'도 겉으로 드러난 것과 실체의 차이가 얼마나 다른지 보여주는 우화다.

✎ ___ 한 남자가 강도를 만나 달아나다가 거대한 급류와 마주쳤다. 굉음을 내며 출렁거리는 급류는 공포와 두려움을 주기에 충분했지만, 남자는 어쩔 수 없이 급류로 뛰어들었다. 하지만 막상 급류 속으로 들어가니 걱정했던 것만큼 위험하지 않았고, 바닥도 깊지 않았다. 그는 용기를 내 앞을 향해 달렸다. 강도들도 계속 그를 쫓아왔다.

이번에 만난 것은 강이었다. 부드럽고 평화롭게 흐르는 강은 누구라도 쉽게 건널 수 있을 것 같았다. 남자는 주저 없이 강 속으로 뛰어들었다. 그러나 강물은 겉으로 보이는 것과 달리 남자를 깊은 심연으로 빨아들였다. 그는 강도는 피할 수 있었지만 결국 강물에 빠져 죽고 말았다.

분식회계와 달리 분식경영은 불법이 아니다. 그러나 속셈을 숨기고 겉만 화려하게 꾸며 각종 문제를 일으킨다는 점에서 불법에 버금간다. 특히 투자자를 현혹시키고 거래업체들을 수렁에 빠뜨릴 가능성이 높다.

기업가가 분식경영의 유혹을 이기지 못하는 이유는 여러 가지가 있다. 한번 큰 성과를 보인 뒤 실적이 나빠지고 있음에도 계속 성공하고 있는 모습을 보여주고 싶어 분식을 택하는 경영자도 있고, 상장을 앞두고 더 많은 공모자금을 끌어들이기 위해 기업을 포장하는 사람도 있다.

분식 이후 운이 좋아 매출과 이익이 증가하면 모를까 그렇지 않으면 결국 실체는 드러나기 마련이다. 일단 분식경영이라는 게 밝혀지면 순식간에 나락으로 떨어지고 만다. 그때 분식경영을 수습하려고 노력해봐야 소용없다는 것을 많은 사례가 증명한다.

지속 가능한 기업을 만드는 길은 분식경영이 아니라 투명경영이다. 겉과 속이 크게 다르지 않다는 사실을 수시로 확인시켜주는 것이 기업을 반석 위에 올려놓는 길이다. 굳이 숨기려면 나쁜 면이 아니라 좋은 점을 밝히지 않는 게 기업가의 미덕이다. 숫처녀같이 자신의 예쁜 모습을 살짝 가리는 실속경영이 결국에는 좋은 평가를 받는다.

14

진짜 도움
vs 가짜 도움

2015년 3월 6일 오후 5시 40분께 경기도 안산시 단원구 산단로에 있는 한 플라스틱 사출공장에서 불이 났다. 3층 건물을 태우던 불은 두 시간 만에 꺼졌지만 손실이 컸다. 공장 소유 업체는 자동차 범퍼 등에 들어가는 사출물을 납품하는 태광공업이었다. 이 회사의 김광철 회장은 당시 인터뷰에서 "직접적인 손실액만 약 80억 원이고 주요 거래처인 프라코에 납품하려 했던 물건까지 합치면 120억 원에 달한다"고 밝혔다.

그는 불이 난 뒤에 주변에서 걱정하는 말을 많이 들었다. 하지만 여러 조언보다 더 시급한 것은 자금 지원 같은 실질적인 도움이었다. 이런 측면에서 구세주 역할을 한 곳이 프라코였다. 현대·기아차 1차 협력사인

프라코는 태광공업이 화재로 어려움을 겪자 2억 원가량의 긴급자금을 융자해주고 금형 기술자를 태광공업에 급파해 사출물의 품질이 떨어지는 것을 막아줬다. 물론 자사 제품 생산에 영향을 받지 않기 위한 조치였겠지만 태광공업에는 가뭄의 단비와도 같은 도움이었다. 비슷한 사례가 또 있다. 전자잉크 생산업체인 잉크테크도 2008년 금융위기 직후 발생한 공장 화재로 절체절명의 위기에 직면했지만 거래업체들이 주문을 끊지 않고 조기에 대금을 결제해준 덕택에 회생할 수 있었다. 이 회사의 정광춘 사장은 그때를 떠올리며 '평소 쌓아놓은 신뢰의 힘'이라고 자평했다.

그러나 기업이 불의의 사고로 큰 위기에 처했을 때 태광공업이나 잉크테크처럼 결정적 도움을 받는 사례는 현실에서는 흔치 않은 일이다. 더 이상 생존하기 힘든 기업이라고 판단되면 채권자나 거래업체들은 그 기업을 외면하기 일쑤다. 삼성과 애플, LG전자 같은 대기업들과 경쟁하다가 몰락한 팬택을 보면 냉혹한 현실을 절감한다.

경영이 어려워지자 팬택은 생존을 위해 여기저기 도움의 손길을 뻗었다. 하지만 지원하겠다는 말과 동정 여론만 있었을 뿐 행동으로 도움을 준 곳은 별로 없었다. 평소 좋은 관계를 유지하고 있다고 생각한 이동통신사도 예외는 아니었다. 가장 극적인 장면은 팬택의 설립자인 박병엽 부회장이 사의를 표명한 2013년 9월부터 이듬해 8월 법정관리를 신청했던 기간에 일어났다.

2014년 초 1년 반 이상 지속된 적자로 두 번째 워크아웃에 들어갔던 팬택은 다양한 채널을 통해 이동통신사에 자금 지원을 요청했다. 이동통신사들은 처음에는 채권 상환을 연기해주고 더 많은 팬택 제품을 구매할 것처럼 얘기했지만 나중에는 더 이상 도와주기 힘들다고 손을 들었다.

시장에서 팬택 제품이 잘 팔리지 않는 어려움이 있었겠지만 팬택 경영진 입장에서 보면 야속하기 짝이 없는 행동이었다. 이동통신사들이 구매를 꺼리는 바람에 팬택은 더 큰 타격을 받았다. 그 후 팬택은 기업회생절차법정관리 신청과 매각 추진 등 모든 방법을 동원해 회생을 도모했다. 그러나 2015년 5월 기업회생절차 폐지 신청을 함으로써 파산으로 가는 길로 접어들었다. 정보통신기술 분야의 특허와 자산, 충성도 높은 인력이 남아 있어 결국 새 주인을 찾았지만 정상화는 쉽지 않을 것이다.

팬택의 사례는 실질적인 도움을 주지는 않고 말로만 위안하거나 탁상공론식 대책을 운운하는 세태를 야유하는 우화 하나를 떠오르게 한다. 크르일로프의 '재산을 잃은 농부'라는 이야기다. 말뿐인 동정이 얼마나 허무하고 쓸모없는 것인지 새삼 생각하게 만든다.

✎___한 농부의 집에 도둑이 들어 값진 물건을 모두 훔쳐갔다. 부자로 소문났던 농부는 하룻밤 사이에 빈털터리가 돼 구걸하며 살아야 하는 처지가 됐다. 농부는 탄식하며 마을 촌장과 친척, 이웃 사람을 불러놓고 자신을 도와달라고 부탁했다. 그러자 그들은 각자 농부를 위해 위로의 말과 더불어 한마디씩 했다. 먼저 마을 촌장이 입을 열었다.

"자네는 그 정도의 재산을 가지고 스스로 부자라고 동네 사람들에게 자랑하는 게 아니었어."

이 말을 듣고 친척 중 한 명도 충고했다.

"앞으로 창고를 지을 때는 안채에 바짝 붙여 짓도록 하게나."

이웃 사람은 이렇게 말했다.

"아닙니다. 창고가 안채에서 멀리 떨어져 있어서 도둑이 들어온 것은 아니지요. 집 안에 개를 키우면 도둑을 막아줄 겁니다. 우리 집에서 키우는 강아지 중 한 마리를 데려가세요. 나는 강아지가 병들어 죽어가는 모습을 보는 것보다 이웃집에서 잘 사는 게 더 좋거든요."

농부는 주변 사람들로부터 도움이 될 만한 말을 많이 들었다. 그러나 이들 가운데 행동으로 직접 도와준 사람은 하나도 없었다.

'한마디 말로 천 냥 빚을 갚는다'는 격언이 있다. 그러나 비즈니스 세계에서 이 말은 실효성을 잃기 십상이다. 화재로 회사의 생산시설을 모두 날렸거나 이런저런 사정으로 부도가 났을 때 한마디 위로의 말은 별 소용이 없다. 하루빨리 재기할 수 있도록 자금을 지원하거나 새 판로를 뚫는 방법을 알려주는 게 진짜 도움이다.

그렇다면 사업가가 어려운 상황에 처했을 때 실질적인 도움을 받을 수 있는 비결은 무엇일까? 이에 대한 답은 앞서 소개한 정광춘 사장의 말에 그 힌트가 있다. 바로 '신뢰의 힘'이다. 평소 믿을 만한 방식으로 비즈니스를 해왔다면 위기에 몰렸을 때 많은 사람들이 도와줄 것이다. 결국 '사람에 대한 믿음'이 사람을 움직이기 때문이다. 눈앞의 이익을 위해 신뢰를 저버리는 행동을 밥 먹듯 한다면 그것이야말로 '소탐대실小貪大失'이라고 할 수 있다. 당장의 수익에 눈이 멀어 신뢰를 버리는 사람이 큰 사업가로 성장할 수 없는 이유다.

15

치아 스케일링 한
사람에게만 보너스를?

아이스파이프는 방열장치를 필두로 한 혁신 기술로 LED 조명 가격을 획기적으로 낮추고 있는 유망 중소기업이다. 이 회사의 이석호 대표는 '은둔의 경영자'다. 외부에 알려지는 것을 극히 꺼리기 때문이다. 그에 대해서는 막대한 자본력을 보유한 기업인이라는 사실 외에 알려진 게 거의 없다. 그러나 이 대표가 만만치 않은 사람이라는 것만은 분명하다. 사소한 게 얼마나 중요한지 알고 있다는 점에서 그렇다. 이는 그가 직원들에게 보낸 편지의 한 부분에서도 눈치챌 수 있다.

"사람은 누구나 행복하게 사는 것을 인생의 목표로 여깁니다. 저는 누구든지 간에 부당하게 다른 사람의 행복을 침해하면 안 된다고 생각합니다. 부서 책임자는 당연히 자기 부서의 행복권 유지를 감시할 책임이 있습니다. 얼마 전 직원들 간 호칭 문제에 대해 공문을 만들어 배포한 적이 있습니다. 사소한 부분이긴 합니다만, 이 문제도 그런 차원에서 정리한 것이었습니다. 여러분은 아이스파이프의 직원이기도 하지만, 각자가 가정으로 돌아가면 사랑받는 아들딸이자 존경받는 가장이거나 부모이기도 합니다."

CEO가 직원들의 호칭 문제까지 신경 쓰는 것은 쉽지 않은 일이다. 그러나 호칭이 잘못되면 임직원들 사이에 갈등이 생긴다. 이렇게 되면 목표 달성은커녕 회사 자체가 제대로 돌아가기도 힘들다. 그의 편지는 이렇게 끝난다.

"마지막으로 건강 문제에 대해 얘기하겠습니다. 금연합시다. 새해에는 전원이 금연하기로 약속했습니다. 저도 피워봐서 압니다만, 담배를 끊기는 참으로 어렵습니다. 그렇지만 흡연의 폐해는 너무 크기 때문에 반드시 금연을 실천해주시기 바랍니다. 또 한 가지 더, 치아 관리에 각별히 신경 써주시기 바랍니다. 치아는 조금이라도 이상이 있을 때 바로 조치해야 합니다. 살짝 때우면 될 것을 미적거리다가 치아 전체가 상해 금으로 씌우게 되면 돈도 많이 들고, 보기에도 아주 나쁩니다."

실제로 그는 직원들의 치아 건강을 위해 대표이사 직권으로 다소 강압적인 결정을 내렸다. 치아 스케일링을 한 사람에게만 보너스를 지급한 것이다. 물론 스케일링 비용은 회사가 지불했다. 작은 충치를 고치지 않으면 수백만 원에 달하는 임플란트를 해야 할 상황이 생긴다는 그의 신념에서 나온 결정이었다. 사소한 것을 사소할 때 막으면 사소한 것으로 끝나지만, 차일피일 미루다 보면 사소하지 않은 일이 되기 때문이다. 호미로 막을 것을 가래로 막지 말라는 얘기다.

이 대표와 반대의 길을 간 사람도 있다. '가짜 백수오' 파동을 일으킨 김재수 내츄럴엔도텍 대표다. 한국소비자원이 내츄럴엔도텍 백수오가 가짜 제품이라고 폭로했을 때 그는 말도 안 되는 소리라 일축했다. 그러다가 여론에 밀리고 사실이 드러날 가능성이 높아지자 대국민 사과문을 발표했다. 여기에는 그가 작은 부분을 소홀하게 처리한 것이 이 소동의 계기가 됐음을 자백하는 단락이 나온다.

"백수오 원료에 대해서는 입고 전과 입고 후, 제품 생산 전 철저히 검사하여 문제가 없음을 확인해왔으나 이번 2015년 식품의약품안전처 조사에서 해당 원료에 이엽우피소 혼입이 확인됐습니다. 같은 해 3월 당사 위탁 창고인 가온물류가 화재로 전소됐습니다. 따라서 영농조합에 보관 중이던 백수오 원료가 미검사 상태로 자사 공장에 많은 물량이 일시적으로 입고되어 사태의 발단이 됐습니다."

백수오 제품은 원료가 가장 중요하다. 원액을 뽑아내 그것을 먹기 좋은 형태로 만드는 기술은 원료의 중요성에 비하면 아무것도 아니다. 생산 과정에서 불량이 생길 경우 그 부분만 바로잡으면 되지만, 원료 자체가 잘못되면 제품의 완성도가 아무리 높아도 '가짜'가 된다. 김 대표의 사과문이 사실이라면 원료의 출처를 더 철저하게 챙겼어야 했다. 갑작스러운 화재가 납득할 만한 변명이 될 수 없다는 의미다.

정말 중요한 것인데 귀찮기도 하고 사소한 일이라 생각해 실천하지 않았던 개구리의 말로를 전하는 우화가 있다. 친구 개구리가 경고를 줬음에도 그는 바로 행동에 옮기지 않는 바람에 비참한 최후를 맞는다. '개구리 두 마리'라는 이솝우화다.

✎   평소 친하게 지내던 개구리 두 마리가 있었다. 그중 한 마리는 큰길가에 있는 물웅덩이에 살았고, 다른 개구리는 그곳에서 좀 떨어져 있는 연못에 살고 있었다. 연못에 사는 개구리는 위험한 길가에 사는 친구를 항상 걱정했다. 그는 고심 끝에 물웅덩이에 사는 친구를 찾아가 당부했다.

"친구야, 여기는 너무 위험하니 내가 사는 연못에 가서 같이 살자. 거긴 여기보다 넓고 안전하거든. 편안하게 지낼 수 있어."

친구의 충고에 길가 물웅덩이에 사는 개구리가 대답했다.

"나도 알고 있어. 하지만 지금 살고 있는 집에서 다른 곳으로 옮기는 일이 워낙 힘들고 귀찮아서 말이지. 그리고 나는 내 집이 편하거든."

친구 개구리는 할 수 없이 그냥 돌아가며 말했다.

"마음이 바뀌면 언제든지 얘기해. 네가 이사하는 것을 도울게."

그리고 며칠이 흘렀다. 연못에 사는 개구리는 친구가 걱정돼 다시 길가 물웅덩이를 찾았다. 그런데 친구 개구리가 보이지 않는 것이었다. 불안한 마음에 그는 여기저기 다니며 친구를 찾았다. 그때 마침 그곳을 지나가던 소 한 마리가 그의 모습을 보고 알려줬다.

"거기 물웅덩이에 살던 개구리는 얼마 전 지나가던 수레에 깔려 죽었다네."

큰 댐도 결국 작은 구멍 하나 때문에 무너진다. 오랫동안 사업을 했던 한 기업인은 외환위기 이후 삼성과 대우그룹의 생사가 갈린 것이 세부 규칙 같은 작은 구멍에 대한 인식의 차이 때문이라고 주장했다.

"삼성은 사소한 규칙이나 절차를 어길 수 없는 시스템을 갖춰놓았던 반면 대우는 그렇지 않았습니다. 이 차이는 평소에는 잘 나타나지 않지만 큰 위기가 오면 뚜렷이 드러나게 마련이지요. 그래서 사소한 일도 철저히 하고 기본을 지키는 것이 중요합니다."

다시 한 번 음미해볼 만한 탁견이다.

16

진정한 친구는
기적을 만든다

비즈니스 세계에서 배반은 흔히 일어나는 일이다. 내게 이익이 되지 않으면 바로 결별하는 것이 사업에서는 상식에 속한다. 가족과 친구 사이에도 돈이 개입되면 문제가 생기기 일쑤다. 그래서 가까운 사람일수록 돈거래는 하지 말라는 얘기를 많이 한다. 김정주 넥슨 회장과 김택진 엔씨소프트 대표가 처음에는 친하게 지내다가 결국 경영권 분쟁을 벌였던 것 등, 그 사례는 어렵지 않게 찾을 수 있다.

이외에도 친한 친구나 형제였지만 동업을 하면서, 또는 투자와 경영권 문제로 갈등을 겪고 나서 서먹하게 지내는 일이 비일비재하다. 이솝 우화 '친구를 판 생쥐'는 이런 세태를 잘 고발한 우화다.

✎___ 한 생쥐가 사자에게 잡혔다. 잡아먹힐 위기에 처한 생쥐는 애원하기 시작했다.

"사자님, 친구들을 데려올 테니 대신 저는 잡아먹지 마세요."

사자는 나쁠 게 없다고 생각해 그 제안을 수락했고, 이 비밀 약속으로 애꿎은 다른 생쥐들만 사자의 먹잇감이 되고 말았다. 그러나 남은 생쥐들이 점점 그를 의심하기 시작했고, 결국 나쁜 생쥐는 사자에게 데리고 갈 친구를 찾지 못하게 됐다. 그러자 사자는 약속을 깨고 친구를 사지로 몰아넣었던 바로 그 생쥐를 잡아먹었다.

그러나 세상에는 상식을 깨는 일이 생기기도 한다. 우정을 끝까지 지켜 아름다운 향기를 후대에 남기는 사람도 있다. 미국 벤처기업의 요람 실리콘밸리를 탄생하게 만든 휴렛패커드의 공동창업자 빌 휴렛과 데이비드 패커드가 대표적이다. 이들이 첫 제품을 만들었던 팰로앨토의 차고는 실리콘밸리 발상지로 지정되기도 했다.

두 사람은 스탠퍼드대에서 전기공학을 전공한 동기로, 나이는 패커드가 한 살 더 많았지만 1학년 때부터 절친한 친구로 지냈다. 이들이 의기투합해 사업을 시작한 때는 1939년, 당시 두 사람은 20대 홍안의 청년들이었다. 학교를 졸업한 뒤 둘은 각각 다른 길을 걸었다.

패커드는 제너럴일렉트릭에 입사해 현장 경험을 쌓았고 휴렛은 대학에 남아 계속 공부했다. 그러다가 패커드가 석사 학위를 받기 위해 대학으로 돌아오면서 당시엔 생소했던 벤처기업을 창업하기로 뜻을 모았다.

여기에는 스승인 프레드릭 터먼 교수의 권유와 도움이 크게 작용했다고 한다.

'휴렛패커드HP'라는 이름을 정할 때부터 두 사람은 남다른 우정을 과시했다. 동전을 던져 이긴 사람의 이름을 회사 이름에서 먼저 쓰기로 했지만, 패커드가 이기고도 휴렛에게 앞자리를 양보했다. 첫 개발품은 휴렛의 아이디어에서 나온 음향발진기로, 음향기기를 테스트하고 온도와 습도에 관계없이 원음을 재생시키는 혁신 제품이었다. 그들은 비슷한 경쟁 상품 대비 가격을 낮춰 월트디즈니에서 대량 주문을 받는 데 성공했다. 2차 세계대전이 터진 뒤에는 군軍 수요가 크게 늘면서 정부 조달 물량이 급증했다. 한마디로 대박을 낸 것이다.

그 후 휴렛패거드는 전자계측기와 사무기기, 컴퓨터, 전자의료장비 등으로 분야를 넓히면서 미국을 대표하는 거대 기업으로 성장했다. 이 과정에서 휴렛과 패커드는 역할 분담을 통해 조화로운 기업문화를 만들었다. 휴렛패거드는 두 창업자의 성향에 따라 사원 개개인의 결정권을 존중하는 기업의 대명사로도 알려졌다. 두 사람은 1970년대 CEO 자리에서 물러난 이후에도 절친한 친구 관계를 유지했고, 죽기 전에 엄청난 재산을 사회에 환원해 사람들의 귀감이 됐다.

진정한 친구가 어떤 것인지 보여주는 우화가 있다. 라퐁텐이 쓴 '두 친구'라는 이야기로, 짧지만 긴 여운을 남긴다. '친구를 판 생쥐'에 나오는 생쥐와는 질적으로 다른 미담이다.

✎___ 절친한 두 사람이 있었다. 어느 날 두 친구 중 한 명이 잠을 자다가 깜짝 놀라 일어나 친구 집으로 달려갔다. 그는 친구 집 문을 두드려 시종들을 불렀다.

"빨리 주인을 깨우도록 해라."

시종은 잠자던 주인을 깨웠다. 잠옷을 입고 나온 친구가 말했다.

"자네는 내가 잘 때 방문하는 일이 좀처럼 없었는데 웬일인가? 혹시 무슨 일이 잘못됐나? 도박을 하다가 돈을 탕진했나? 그럴까봐 내가 자네를 위해 돈을 마련해놓기는 했어."

"그런 것이 아닐세."

"그럼 무엇인가? 혼자 자는 것이 지겨워서 나를 찾은 것인가? 외로워서? 그렇다면 내 곁에 아름다운 노예가 있으니 한 명 보내주겠네."

"그것이 아니라네. 어쨌든 자네의 그런 배려가 눈물 나게 고맙구려. 사실 내가 여기 달려온 이유는 따로 있네. 내 꿈에 자네가 조금 슬픈 모습으로 나타났어. 그래서 자네에게 무슨 일이 생겨서 그런 것이 아닐까 하는 두려운 생각에 서둘러 달려온 것이라네. 이유가 있다면 그것이라네."

사회가 각박해지면서 진정한 친구를 찾기가 점점 더 어려워지고 있다. 그래서 믿을 만한 사업 파트너를 만나는 것은 큰 행운이 아닐 수 없다. 라퐁텐이 소개한 두 친구와 같이 마음 깊숙한 곳에서부터 상대를 걱정하고 존중하는 사이라면 아무 문제가 없을 것이다. 휴렛과 패커드처럼 죽을 때까지 친하게 지낼 수 있는 '양질의 인간'은 그 자체만으로도 큰 자산이다. 어떻게 하면 이런 행운을 누릴 수 있을까?

가장 확실한 답은 나부터 그런 사람이 돼야 한다는 것이다. 상대에게 진실한 모습을 보이는 것이, 그저 이해타산으로만 관계 맺는 것보다 훨씬 더 좋은 결과를 낳기 때문이다. 물론 사람을 무조건 믿었다가 크게 사기를 당할 수도 있다. 하지만 그렇다고 모든 사람을 의심하면서 비즈니스를 한다면 돈 많이 버는 사업가는 될 수 있어도, 행복한 경영자는 되기 힘들 것이다. 휴렛과 패커드는 돈을 많이 벌어서가 아니라 기업을 크게 키우면서도 평생 서로에 대한 신뢰를 잃지 않았다는 점에서 귀감이 되는 경영자로 추앙받고 있는 것이다.

17

리더라면 누구나
한 번쯤 억울해진다

일부 수출 중소기업 사장에게는 '키코KIKO'라는 말이 '악몽'과 동의어로 들린다. 환율 변동에 대비한 환헤지換hedge 상품인 키코가 이런 취급을 받게 된 것은 2008년 발생한 금융위기 때문이다. '녹인, 녹아웃Knock-In, Knock-Out'이라는 영문 첫 글자에서 따온 키코는 환율이 일정한 범위 안에서 움직이면 미리 약속한 조건에 따라 달러 등 외국 화폐를 매매하도록 설계된 상품이다. 금융위기 직전 은행들은 일정 범위 밖으로 환율 변동이 일어날 가능성이 낮다며 중소기업들에 키코 가입을 권유했다. 수출 중소기업들은 유리한 조건에서 환헤지를 할 수 있고 은행도 일정 수익을 올릴 수 있어 양쪽 모두 손해 볼 것이 없다고 꼬드겼다.

그러나 결과적으로 이런 설명은 사실이 아니었다. 금융위기로 환율 변동 폭이 커지자 키코에 가입한 중소기업들은 감당하기 힘든 손실을 봤다. 1985년 설립돼 국내외 보냉재 시장을 주도했던 화인텍도 그중 하나다. 보냉재는 액체가스가 밖으로 유출되지 않도록 막는 소재를 말한다. 이 회사는 1990년대 세계에서 세 번째로 LNG운반선용 초저온 보냉재 개발에 성공하며 주목을 받았다.

화인텍은 현대중공업을 비롯해 거의 모든 조선업체에 보냉재를 공급하면서 연매출 3,000억 원이 넘는 중견기업으로 성장했다. 하지만 금융위기가 발생하며 불운이 엄습했다. 관련 업체들이 어려워지면서 주문량이 급감하는 동시에 2006년 이후 체결한 키코에서 대규모 손실이 발생한 것이다. 결국 2008년부터 2년 연속 큰 적자를 냈다. 화인텍 대주주는 그동안 쌓아온 명성과 기술, 영업망을 존속시키고 회사를 살리기 위해서는 자금력 있는 곳에 회사를 매각하는 방법밖에 없다고 판단했다. 2009년 11월 동성그룹이 화인텍을 인수해 동성화인텍으로 재출발하게 된 배경이다. 자금 부담을 던 동성화인텍은 이후 보냉재 수요가 다시 살아나면서 성장을 이어갈 수 있었다.

키코로 피해를 입는 중소기업들은 대부분 화인텍과 비슷한 길을 걸었다. 에버다임같이 키코 위기를 극복한 중소기업들도 있지만 이 회사의 대표들 역시 키코에 대한 얘기만 나오면 억울한 심정을 감추지 못한다.

키코 판매는 씨티은행을 비롯해 외국계 은행들이 주도했다. 금융위기 이후 중소기업들은 이들 은행을 상대로 소송을 제기했지만 이기지 못했다. 그러나 중소기업들은 아직도 법원 판결을 납득하지 못한다. 분명히 은행이 잘못했는데 그것을 인정하지 않았다는 얘기다. 은행과 법원 측은 키코가 환헤지에 부적합한 상품이라고 볼 수 없기 때문에 중소기업의 손실에 책임을 질 필요는 없다는 논리를 폈다. 또 이익을 볼 때는 가만히 있다가 손실을 입었다고 소송을 제기하는 것은 상식에도 맞지 않는 일이라고 주장했다.

반면 피해 기업들은 은행들이 키코의 위험성을 충분히 알리지 않은 채 가입을 권유했다고 반박한다. 전형적인 불완전판매였다는 얘기다. 논리적으로는 은행들의 주장이 타당한 것처럼 보이지만 실제론 중소기업들의 말이 진실일 가능성이 높다. 키코를 판매했던 은행 담당자들은 대부분 중소기업에 복잡한 상품 구조를 설명하지 않았거나 못했을 것이다. 키코로 손실을 본 중소기업 대표들이 죽을 때까지 억울한 심정을 지울 수 없는 이유다.

키코 소송같이 석연치 않은 판결은 현실에서 수없이 많다. 병원에서 오진 때문에 사망한 사람들 역시 적지 않다. 이런 세태를 폭로한 우화가 바로 크르일로프의 '농부와 양'이다.

✎___ 한 농부가 자기가 기르는 양이 닭을 잡아먹었다고 소송을 제기했다. 재판장인 여우는 공정한 재판을 해야 한다며 심리를 시작했다. 먼저 농부가 양을 쳐다보며 말했다.

"오늘 아침 닭장 속 닭을 세어보니 두 마리가 부족했습니다. 그래서 살펴보니 없어진 닭의 뼈와 깃털만 닭장 속에 흩어져 있었지요. 그런데 그때 집 안에는 오직 이 양밖에 없었다는 말입니다."

양은 억울하다며 이렇게 해명했다.

"저는 닭을 잡아먹지 않았습니다. 어젯밤에는 계속 잠만 잤거든요."

양은 이웃집 사람들을 증인으로 신청했다. 그들은 양이 한 번도 무엇을 훔친 적이 없다는 것과 양은 고기를 먹지 않는다는 사실을 재판장인 여우 앞에서 증언했다. 여우는 양쪽 얘기를 다 듣고 판결을 내렸다. 그 판결문 을 그대로 인용하면 다음과 같다.

"양의 해명은 납득할 수 없다. 그의 말을 사실로 인정할 수 없는 이유는 모든 사기꾼이 양처럼 순한 얼굴을 하고 있기 때문이다. 이번 조사에서 명 백히 밝혀진 사실대로 그날 밤 양은 닭장이 있는 집 안에 머물러 있었다. 닭 이 정말 맛있다는 것은 누구나 다 아는 사실이다. 양이 닭을 잡아먹을 기 회를 놓칠 리 없다. 식욕이라는 본능을 참고 닭을 잡아먹지 않는 것은 불 가능한 일이기 때문이다. 본 재판관은 양심에 따라 판결을 내린다. 닭을 훔쳐 먹은 양을 사형에 처한다. 그리고 그 양고기는 본 재판관에게 주고, 가죽은 고소인인 농부가 가져가도록 한다."

사업을 하다보면 양과 같이 말도 안 되는 억울한 상황에 처할 때가 있 다. 이런 상황을 피하고 싶지만 비즈니스에는 이해관계가 얽혀 있기 때 문에 최소한 한 번은 이런 경험을 하게 된다. 운이 좋으면 한두 번에 그 치고, 운이 따르지 않으면 수시로 겪는다는 점이 다를 뿐이다.

하지만 중요한 것은 억울한 상황에 직면하는 빈도가 아니다. 도저히 참을 수 없는 입장에 놓였을 때 그 상황을 냉정하게 처리하느냐, 아니면 분노를 참지 못해 상황을 더 나쁘게 만드느냐 하는 선택이다. 부조리한 일이 일어날 수 있다는 현실을 인정한 뒤, 억울한 일이 일어났을 때 포기할 것은 포기하고 미래를 향해 다시 한 발을 내딛는 용기가 필요하다. 그것이 가족과 임직원 등 내 주변 사람들을 살리는 방패요, 삶의 지혜다.

18

한눈판 리더의 말로

성공한 경영자들이 이구동성으로 하는 말이 있다. 바로 "돈을 벌지 못하는 기업인은 죄인이다"라는 말이다. 수익을 올려 기업을 키우고 종업원들의 생계를 책임지는 것이 기업인의 존재 이유다. 이런 기본적인 역할을 잘 수행하다 보면 부자가 되고 명예를 얻기도 한다. 그러나 이런 단순하면서도 당연한 원리를 망각해 자멸하는 기업인을 종종 목격하게 된다. 경남기업의 성완종 회장도 여기에 속한다.

그는 어린 시절 불운을 겪었지만 강한 의지력으로 기업을 일궜다. 건설업계 해외 진출 1호 기업으로 상징성이 큰 경남기업을 2003년 인수한 것은 그의 사업 인생에서 절정을 이뤘다. 하지만 성 회장은 더 큰 욕심을 냈다. 기업인을 넘어 더 유명하고 훌륭한 사람이 되기를 희망했던 것이다. 1990년 31억 원을 기부해 설립한 서산장학재단은 그 시발점이었다. 이후 그는 다양한 사회 활동을 펼쳤고 정치권에도 뛰어들었다.

관심이 다른 곳에 가 있으니 기업이 제대로 성장할 가능성도 낮았다. 그나마 건설 경기가 좋았을 때는 성 회장의 외도가 별로 표시 나지 않았다. 그러나 글로벌 금융위기로 국내외 시장이 침체 국면에 접어들자 CEO의 무책임과 무관심은 결과로 드러났다. 드라마 같았던 그의 삶이 비극으로 끝난 것에는 분명 기업인 이상이 되려고 했던 '기업인 성완종'의 과욕이 한몫했을 것이다.

이와 비슷한 사례는 얼마든지 있다. 법정관리에 들어간 포항의 B중소기업도 그중 하나이다. 이 기업은 한때 제철소에서 나온 부산물로 사출금형의 필수소재를 상품화해 주목받았다. 세계에서 몇 개 업체만 보유하고 있는 기술을 독자 개발해 엄청난 부가가치를 창출할 기업이라는 평가도 있었다.

이런 호평 덕분에 기업의 대표도 유명세를 탔고, 지역 기업인협의회 회장으로 취임하기도 했다. 작은 기업 사장이었던 그는 짧은 기간 안에 많은 사람들과 교류하기 시작했다. 고위 관료와 국회의원 같은 정관계 인맥도 점점 확대됐다. 급기야 여당 지역 부위원장을 비롯해 정치권에서 주는 감투도 썼다. 대통령 해외 순방에 동행하기도 하며, 기업인에서 정치인으로 변신하는 모습을 보였다.

그러나 외부 활동에 매달리는 동안 회사는 멍들어갔다. 부채는 눈덩이처럼 커졌고, 매출보다 손실이 많아졌다. 더 큰 문제는 제품 판매가격보다 제조원가가 훨씬 높았다는 사실이다. 그럼에도 불구하고 이 기업은 제품을 계속 생산했다. 왜 그랬을까? 추측건대 이 기업 대표는 이미 높아진 자신의 위상에 손상을 입히기 싫었을 것이다. 기업은 망가져도 본인은 살아남아야 한다는 해괴망측한 논리가 그의 머리를 지배하지 않았을까.

권력 앞에만 서면 작아지는 공무원들과 금융권의 무책임도 이런 비정상을 부추겼다. 기업이 부실해져 가는데도 은행들은 자금을 지원했다. 낮은 이자로 대출해줬고 투자와 정부 보조금도 끊이질 않았다. 대표의 정치적 영향력이 작동하지 않았으면 불가능한 일이었다.

이처럼 정말 중요한 것을 망각하고 허위의식에 휘둘리는 인간 군상을 비웃는 우화가 있다. 라퐁텐의 '상인, 사제, 귀족, 그리고 왕의 아들'이라는 이야기다.

모험가들이 탄 배가 거센 파도에 밀려 한 해안에 닿았다. 여기에는 상인과 사제, 귀족, 왕의 아들이 타고 있었다. 네 사람이 샘물가에 앉아 모험에 대한 주제로 대화하던 중, 사제가 제안했다.

"이제 지난 일은 잊고 이곳에서 살아가는 데 필요한 일을 실천합시다. 하늘이 우리같이 혜택받은 사람들에게 준 것은 바로 이성과 정신이 아니겠소?"

사제의 말에 맞장구치며 다른 사람들도 의견을 내놓았다. 먼저 상인이 말했다.

"나는 산수를 잘하오. 그러니 한 달 동안 산수를 가르쳐줄 생각이오."

그러자 왕의 아들이 대답했다.

"나는 정치에 대한 교육을 담당하겠소."

귀족도 한마디 했다.

"나는 가문과 문장에 대해 잘 알고 있으니 그것을 가르칠 것이오."

세 사람의 말을 듣고 사제가 말했다.

"여러분이 말한 것이 아무리 좋은 계획이라도 지금 당장은 먹고사는 일을 생각해봐야 하지 않겠소? 당신들의 말은 내게 희망을 주지만 나는 지금 배가 고프다오. 내일 식사는 누가 어떻게 해결해줄 거요? 내일은 고사하고 오늘 저녁은 뭘 먹을 거요? 현재 제일 큰 문제는 바로 그것입니다. 당신들이 가진 지식은 지금 아무 쓸모가 없습니다."

이 말을 하고 사제는 바로 숲으로 들어가서, 우선 불을 땔 나무를 구했다. 나무에 올라가 열매를 따는 등, 허기를 채울 수 있는 것들도 마구 모았다. 바로 이런 실천이 그들이 굶주려 죽는 것을 막는 길이었다.

기업인이 경영을 떠나 정치에 관심을 갖는 것도 결국은 회사를 키우기 위한 것 아니냐는 반론이 있을 수 있다. 정치의 도움을 받으면 더 많은 사업 기회를 얻을 수 있고, 각종 특혜도 누릴 수 있기 때문이다. 국회의원 자격으로 기업을 운영하면서 높은 수익을 올리고 있는 사람들이 그 증거 아니겠느냐고 주장한다. 권력과 부를 동시에 쥘 수만 있다면 그렇게 하는 것이 최고라고 생각하는 이들도 적지 않다.

하지만 정치를 하면서 정당한 방법으로 기업을 경영하는 것은 쉽지 않다. 정치를 하다 보면 편법을 통해 어렵지 않게 돈 버는 길이 일시적으로나마 보이고, 부정부패에 빠지기도 쉽기 때문이다. 그러나 정권이 바뀌거나 사회가 투명해지면 결국 추악한 면이 드러난다. 힘들더라도 자신의 힘으로 돈을 벌어야 한다. 말로 자신의 능력을 떠벌리며 다른 사람들이 자신의 배를 채워줄 것이라는 허위의식에 매몰되기 전에 직접 숲으로 들어가 열매를 따고 땔감을 구하는 자세로 경영을 해야 한다. 그래야 기업의 영속성을 확보할 수 있다.

19

순수한
의도는 없다

불법 정치자금 문제로 나라가 시끄러울 때가 많다. 관련된 사람들은 돈을 받을 때 단순한 후원금이나 순수한 지원 자금 정도로 생각했겠지만 사건이 터진 뒤에는 그렇지 않다는 진실과 직면해야 했다. 돈을 준 사람의 '순수한 의도'라고 애써 해석했던 게 '부정부패'라는 이름의 부메랑으로 돌아오고 있는 셈이다.

큰돈이 오고 갈 때 순수한 의도는 없다는 사실은 비즈니스의 세계에서 더 극명하게 나타난다. 성인聖人이 아닌 이상 인간은 자신에게 유형 또는 무형의 이득이 없으면 돈을 쓰지 않는다. 겉으로는 별다른 의도 없이 순수한 투자나 자발적 지원이라고 말하지만 결정적인 순간에는 본래의 욕심을 드러내기 마련이다. 본심을 보이며 무엇 때문에 마음이 변했는지 이유를 밝히는 것은 자신의 행동을 합리화하려는 구실에 불과하다.

넥슨과 엔씨소프트의 경영권 분쟁 사례에서 이를 목격할 수 있다. 2012년 6월 엔씨소프트는 지분 14.7%를 넥슨에 넘겼다. 이로써 넥슨은 엔씨소프트의 최대주주가 됐다. 김택진 엔씨소프트 대표와 김정주 넥슨 회장은 서울대 공과대학 선후배 관계다. 두 사람은 한국의 게임 사업을 키운다는 명목으로 의기투합했다. 지분 거래를 매개로 글로벌 게임 그룹을 만들겠다는 청사진도 제시했다. 당시에는 두 사람의 친분에 근거해 이런 순수한 의도를 의심하는 사람이 많지 않았다.

그러나 시간이 지나면서 엔씨소프트의 최대주주로 올라선 넥슨의 김정주 회장이 욕심을 보이기 시작했다. 처음에는 엔씨소프트의 파이, 즉 회사 규모를 키워 투자 이익을 얻겠다는 그림을 그렸지만 현실은 그렇게 돌아가지 않았다. 넥슨 입장에서는 거금을 투입하고서도 이렇다 할 이득을 보지 못하는 상황이 이어졌다. 김 회장은 결국 최대주주 권리를 적극 행사하는 것이 좋겠다고 생각했고, 이는 경영권 간섭으로 나타났다.

2015년 1월 넥슨은 엔씨소프트의 인사권에 이의를 제기하면서 지분 보유 목적을 '단순투자'에서 '경영참여'로 변경했다. 다른 한편으로는 엔씨소프트 지분을 추가로 확보해 적대적 인수합병 가능성도 열어놓았다. 경영권 분쟁이 촉발된 것이다. 양측의 신경전은 몇 개월 동안 지속됐다. 두 회사 수장들의 개인적 친분과 순수한 의도는 온데간데없이 사라지고 말았다. 같은 해 3월, 엔씨소프트의 정기 주총에서 넥슨이 현 경영진을 승인함으로써 분쟁은 수면 아래로 가라앉았지만 양측의 갈등은 비즈니스 세계에서 순수한 의도는 없다는 진리를 다시 한 번 확인시켜주는 사건이었다.

이솝우화 '사자와 황소'는 이처럼 인간 사회에 흔히 나타나는 불순한 의도의 실체를 사자의 얍삽한 행동에 빗대 야유한다.

✎___ 들판에서 황소가 풀을 뜯고 있었다. 이 모습을 멀리서 지켜보며, 사자는 어떻게 해야 황소를 잡아먹을 수 있을지 궁리했다. 아무리 사자라 해도 몸집이 큰 황소를 쉽게 잡을 수는 없었다. 이때 문득 좋은 생각이 떠올랐다. 사자는 황소한테 가서 말을 걸었다.

"안녕하시오. 같은 들판에 살면서도 인사도 못하고 지냈군요! 오늘 저녁 우리 집에서 함께 식사라도 합시다. 맛있는 고기를 준비했거든요."

"좋습니다. 사자님. 그런 귀한 음식을 대접하겠다니 즐거운 마음으로 가지요. 고맙습니다."

단순히 호의를 받아들이는 것같이 대답했지만 평소 사자를 경계하고 있던 황소는 이 기회에 사자와 친분을 쌓는 것도 나쁘지 않을 것이라는 계산으로 초대에 응했다. 반면 사자의 속셈은 따로 있었다. 황소가 자신의 집에 들어와 긴장을 풀고 있을 때 공격해 잡아먹으려는 것이었다.

저녁이 되자 황소가 사자의 집으로 찾아갔고, 사자는 반갑게 맞이했다. 황소는 마음 놓고 들어갔지만, 식탁 위에 맛있는 음식은 보이지 않고 빈 그릇만 가득 놓여 있었다. 그제서야 비로소 사자의 불순한 의도를 간파한 황소는 사자가 잠시 자리를 뜬 사이에 재빨리 집에서 빠져나왔다. 사자는 황소가 말도 없이 떠난 사실을 알고 화가 나서 다시 황소를 찾아갔다.

"아무런 피해도 주지 않았는데 왜 갑자기 떠난거요?"

이렇게 묻자 황소는 대답했다.

"사자님, 당신의 집에 가보니 맛있는 고기는 없고 요리할 준비만 돼 있더군요. 그래서 당신이 무슨 요리를 먹고 싶어 하는지 알 수 있었지요."

황소의 말을 들은 사자는 아무 말도 하지 못한 채 멋쩍어하며 집으로 돌아갔다.

비즈니스에서 중요한 것은 상대의 의도를 정확하게 파악하는 일이다. 의도는 혈연과 지연, 학연 같은 특수관계와 의전儀典에 가려질 가능성이 높다. 처음 거래를 틀 때 순수성을 가장하기도 한다.

"아무리 어려워도 약속을 위반하지 않겠습니다. 그냥 순수하게 같이 사업하자는 것이지요."

이런 말을 아무렇지 않게 한다. 그러나 이것은 어디까지나 서로의 이익을 담보할 때에 한한다. 이런 진실을 염두에 두고 사업을 해야 실수와 후회를 줄일 수 있다. 거래처의 순수한 의도를 바라기보다는 정확한 의도를 읽고 적절하게 대응하는 것이 경영자의 미덕이라는 의미다. 사자의 순수한 의도를 믿었던 황소는 그 대가로 돌이킬 수 없는 파국에 직면할 뻔했다. 만약 황소가 저녁 초대를 받았을 때부터 사자의 의도를 제대로 읽었다면 이런 치명적인 위험은 피할 수 있었을 것이다.

20

구글은
사무실부터 다르다

　삼성전자가 가장 무서워하는 기업은 어디일까? 많은 사람들이 스마트폰 시장에서의 라이벌인 애플이나 샤오미와 화웨이처럼 무섭게 추격하는 중국 기업일 것이라 생각하지만, 실제로 제일 두려워하는 존재는 바로 구글이다. 왜 그럴까?

　"어떤 것을 들고나올지 모르기 때문이죠. 도대체 무엇을 하고 있는지 알 수 없다는 게 가장 무서운 겁니다. 삼성이 신수종사업으로 키우고 있는 분야에서 구글이 먼저 혁신을 이뤄 판을 바꿔놓는다면 그야말로 큰일이죠. 애플같이 이미 알려진 경쟁자는 구글에 비하면 두려운 존재가 아닙니다."

삼성그룹의 고위 임원이 사석에서 털어놓은 말이다. 구글이 글로벌 기업들마저 경계하게 만드는 원천은 무엇일까? 높은 수익률에서 나오는 막대한 자본력, 그것으로 다양한 분야에 진출하는 적극성을 꼽을 수 있다. 하지만 더 근본적으로는 수익의 상당 금액을 당장의 실적과 상관없이 미래에 투자하는, 무모할 정도의 용기와 더불어 '최고경영자 이하 모든 직원들이 창의력을 최대한 발휘하도록 조건과 환경을 조성한다'는 철학에 있다. 그것을 눈으로 확인할 수 있는 곳이 각국에 있는 구글 사무실이다.

첫인상은 그저 새롭다는 것에 그친다. 그네와 당구대, 미끄럼틀, 레고와 게임기 등 놀이기구들이 무질서하게 흩어져 있고, 사람들은 그것을 가지고 놀거나 여기저기 돌아다니며 과자와 음료를 마신다. 쿠션 의자에 앉아 게임을 즐기거나 인터넷 서핑을 하는 사람도 눈에 띈다. 사무실 밖에서는 자전거를 타거나 각종 레저 활동을 한다. 사무실이라기보다는 어른들의 놀이터에 가까운 공간을 연출하고 있는 셈이다.

이런 곳에서 과연 생산성이 생길까 하는 의심을 갖다가 직원들이 일하는 모습을 좀 더 깊이 관찰하면 무서운 노림수를 발견할 수 있다. 놀고 쉬면서도 끊임없이 생각하는 분위기를 만들고 있다는 점에서 그렇다. 어린아이들이 장난감을 갖고 놀면서 무한한 상상력을 키우듯이 구글 직원들은 좀 더 자유롭고 편안한 공간에서 이런저런 시도를 해본다. 그러다가 다른 기업에서는 전혀 나올 수 없는 아이디어를 떠올리는 것이다. 본능이 살아나며 나오는 선물이다.

일반 기업의 사무실 풍경은 이와는 전혀 다르다. 직급과 업무에 따라 영역을 나누고 책상과 의자를 질서정연하게 배치하는 게 정석이다. 놀이공간은 고사하고 제대로 쉴 수 있는 장소를 할애하는 것에도 인색하다. 집중해 일을 해야 할 사무실은 늘 조용하고 정돈돼 있어야 한다는 선입견이 낳은 결과다. 이로 인해 상상력과 참신한 아이디어도 제한된 공간에 감금될 가능성이 높아진다. 직원들은 진지하고 신중하게 업무를 잘 처리하는 것 같지만 속으로는 매우 답답해하고 피곤해하기 일쑤다. 주중에는 어차피 일을 하는 것이니까 참고 주말에 재미있게 놀자는 프레임에 갇히고 마는 것이다. 그나마 주말에도 출근하는 일부 대기업 임원들은 독창적 아이디어를 얻을 기회를 더더욱 갖지 못한다.

라퐁텐의 '인간으로 돌아가기를 거부한 동물들'이라는 우화가 있다. 인간의 위선을 폭로하며 본능과 자유가 얼마나 중요한지 알게 해주는 이야기다.

✎___ 율리시즈와 일행은 오랜 모험 끝에 어느 해안에 도착했다. 그곳엔 신의 딸이 사는 궁전이 있었다. 어느 날 그 여신은 율리시즈 일행을 초청해 감미로운 음료를 대접했다. 하지만 그 음료에는 사람을 동물로 만드는 독이 들어 있었고, 음료를 마신 사람들은 얼마 후 각각 다른 동물로 변했다. 율리시즈만 음료를 마시지 않아 동물이 되는 것을 피할 수 있었다. 율리시즈는 여신에게 동료들을 인간으로 되돌려달라고 부탁했다. 그러자 여신이 말했다.

"그들이 정말 그것을 원할까?"

율리시스는 동료들이 있는 곳으로 갔다. 먼저 사자로 변한 사람에게 물었다.

"여신에게 해독제가 있다네. 그것을 가지고 올 테니 마시게."

이에 사자는 대답했다.

"난 특별한 것도 없는 인간으로 돌아갈 생각이 없네. 내겐 날카로운 발톱과 이빨이 있어. 그것으로 나를 공격하는 자들을 제압할 수 있지. 나는 동물의 왕이네. 다시 인간이 돼서 그렇고 그런 병사로 돌아가고 싶지 않아."

낙심한 율리시스는 이번엔 곰에게 달려갔다.

"자네는 다시 인간으로 돌아갈 수 있네. 그렇게 하고 싶지?"

"이전의 모습으로 돌아가라고? 인간의 모습이 최고라는 것은 편견일 뿐이야. 나는 지금 어떤 억압도 받지 않고 자유를 만끽하고 있어. 그러니 나를 이대로 내버려두게나."

율리시스는 이번엔 늑대한테로 가서 똑같은 제안을 했다. 그러자 늑대가 말했다.

"자네는 나를 야만적인 육식 동물로 취급하는데 인간들도 동물을 잡아먹지 않는가. 모든 것을 고려해보면 살기 위해 먹는 우리에 비해 인간은 더 큰 죄인이지. 마구 살육을 하고 있으니까. 난 그런 인간으로 돌아가고 싶지 않네."

율리시스는 다른 동물에게도 훈계를 들었다. 그들의 대답은 똑같았다. 자유롭게 숲에서 사는 것, 자신들의 욕구에 따르는 것이 삶에 즐거움을 준다는 얘기였다. 그들은 자신의 열정에 따르면서 스스로 자유로워지는 길을 선택했던 것이다.

참신한 비즈니스는 직원들이 편한 마음으로 본능적 욕구를 발산하는 과정에서 탄생할 가능성이 높다. 때로는 조목조목 따지는 분석적 이성보다 불현듯 나타나는 직감이 사업에 큰 도움을 준다. 문제는 틀에 박힌 사고나 환경에서는 그것이 나오지 않는다는 사실이다. 체면을 차리는 딱딱한 직장인이 아니라 심장이 팔딱팔딱 뛰는 '호모루덴스노는 인간'가 되도록 직원들을 만드는 과정에서 구글 같은 창조적 기업이 탄생한다.

21

삼성 임원이 되면
무엇이 달라질까?

국내 대기업 총수 가족들을 제외한 임원들 중에 가장 많은 연봉을 받는 사람은 단연 삼성전자의 전문경영인들이다. 실적과 시장 상황에 따라 금액은 다르지만 사장급 연봉이 대부분 수십억 원에 이른다. 2014년 기준으로 삼성전자 IM IT·Mobile 부문을 담당하고 있는 사장이 받은 연봉은 무려 145억 7,200만 원에 달한다. 웬만한 중소기업 연 매출이나 중견기업 오너의 수익과도 맞먹는 금액이다. 같은 기간 삼성전자 부품 부문을 담당한 부회장의 연봉은 93억 8,800만 원, 소비자가전 부문 사장이 54억 9,600만 원, CFO는 38억 6,400만 원 등으로 다른 대기업 사장급 연봉과 비교해도 훨씬 많다.

이 때문인지 연봉이 공개되는 시기에 삼성전자 이외 기업의 임원들을 만나면 상대적 박탈감을 피력하기도 한다. 절대 액수로 보면 그들 역시 일반 직장인의 부러움을 살 만한 연봉을 받고 있지만 삼성전자 임원들 앞에만 서면 작아지는 느낌을 받는다는 것이다.

삼성그룹 임원 인사가 나면 종종 회자되는 이야기가 있다. '삼성 임원이 되면 무엇이 달라질까?'라는 제목을 달고 나오는 기사다. 삼성 임원으로 임명됐을 때 가장 크게 변하는 것은 역시 연봉이다. 초임 임원이라도 부장 평균 연봉에 비해 두 배가량 많다. 물론 일단 퇴사하고 임원으로 재입사하는 방식을 취하기 때문에 부장 이하 직원들의 연봉 개념과는 다를 수 있다. 그렇다 하더라도 임원이 되는 순간부터 가처분소득이 크게 증가하는 것만은 틀림없다. 임원으로 승진한 뒤 꾸준히 실적을 낸다면 매년 연봉은 큰 폭으로 올라간다. 5년 이상 삼성 임원으로 재직하면 풍족한 노후를 보낼 수 있을 만큼 큰돈을 모으는 것으로 알려졌다.

임원이 되면 또 사무실에 개인 공간이 제공된다. 이것은 다른 기업도 비슷할 것이다. 더 많은 사람들과 만난다는 점을 고려해 책상과 테이블, 소파 등 다양한 부대설비도 따라온다. 사용 한도가 높은 법인카드가 지급되고, 접대에 필요한 골프 회원권도 주어진다. 가족을 위한 의료 서비스도 강화되며 직급에 어울리는 고급 차량과 유류비를 받는다.

자주 외부의 고객을 모셔야 하는 특정 업군에는 운전기사도 배정된다. 퇴직한 뒤 재취업을 쉽게 할 수 있다는 것도 장점이다. 삼성은 많은 협력업체를 두고 있어 퇴직 후 임원들이 갈 곳이 적지 않다. 삼성 임원을 선호하는 기관이나 중소기업이 다른 곳에 비해 많은 편이기 때문이다.

그러나 삼성 임원들이 일하는 모습을 보면 꼭 부럽지만은 않다. 오히려 그렇게 살아야 할까 하는 의심이 들 정도다. 부서마다 차이가 있지만 삼성 임원들은 대체로 새벽에 일찍 출근해야 한다. 이것저것 챙겨야 할 사안이 많기 때문이다. 어느 분야를 막론하고 실적과 성과에 대한 압박이 다른 기업들과 비교할 수 없을 만큼 강하다. 특히 경쟁이 치열한 분야에서 일하는 임원들은 잠을 이루지 못할 정도로 스트레스를 받는다. 삼성 임원 중 이를 견디지 못해 자살한 사람도 있다.

내부 경쟁이 치열하다 보니 점점 인간미를 잃는 것도 문제다. 삼성 임원 중에는 승진한 뒤에 변했다는 소리를 많이 듣고 있다며 걱정하는 사람들이 많다. 바쁘다 보니 정서적으로 피폐해지고 가족이나 친지, 친구를 잘 챙기지도 못한다. 돈은 많이 벌 수 있을지 몰라도 행복지수는 급속히 떨어지는 것이다. 삼성 임원 모두가 그렇게 느끼는 것은 아니겠지만 객관적 업무 환경이 만만치 않다는 사실에는 누구나 동의할 것이다.

이를 알고 나면 많은 연봉과 특혜를 누린다고 해서 삼성 임원이 좋은 것만은 아니라는 사실에 동의하는 사람도 있을 것이다. 오히려 돈을 적게 받고 복지 수준이 다소 낮아도 개인의 여유로운 생활을 보장해주는 기업이 더 좋을지도 모른다. 회사생활을 하는 이유도 궁극적으로 보면 나와 가족의 행복을 위한 것이 아닌가.

무조건 남을 부러워할 일이 아니라는 교훈을 주는 우화들은 많다. 이솝우화에서 당나귀가 등장하는 몇몇 이야기가 그렇다. 먼저 '말이 행복하다고 생각한 당나귀'라는 우화다.

✎___ 당나귀는 말을 무척 부러워했다. 말은 항상 배불리 먹고 사람들의 보살핌도 받았기 때문이다. 이에 비해 당나귀는 아무리 열심히 일해도 충분히 먹을 수 없었다.

그러나 전쟁이 일어나자 상황이 바뀌었다. 말은 중무장한 장수를 태우고 사방으로 뛰어다녀야 했다. 심지어 적진 속으로 뛰어들어 창에 찔려 목숨을 잃는 말도 있었다. 이를 목격한 당나귀는 생각을 바꿨다.

'역시 말은 불쌍한 존재지…. 당나귀야말로 축복받은 동물이라고!'

다음은 '야생 당나귀와 집 당나귀'라는 이야기다.

✎___ 집 당나귀가 따뜻한 햇볕을 받으며 풀을 뜯고 있었다. 그 모습을 본 야생 당나귀가 말을 걸었다.

"몸집이 포동포동하고 보기 좋구나. 너는 충분히 먹을 수 있어서 행복하겠구나."

얼마 후 야생 당나귀는 무거운 짐을 지고 가는 집 당나귀를 봤다. 몰이꾼은 집 당나귀의 엉덩이를 채찍으로 사정없이 쳤다. 야생 당나귀는 다시 집 당나귀 옆에 가서 말했다.

"더 이상 너에게 좋은 말을 해줄 수가 없구나. 너는 잘 먹는 대신 그만한 대가를 치르고 있으니까."

'남의 떡이 더 커 보인다'라는 말이 있다. 남의 것을 무조건 부러워하는 사람들의 심리를 표현한 말이다. 하지만 세상에 공짜는 없다. 큰 떡을 차지한 사람은 그것을 얻기 위해 그만한 대가를 지불했을 가능성이 높다. 그것을 감안하지 않고 남의 떡이 큰 것만을 본다면 올바른 판단을 내릴 수 없다. 남을 부러워하는 마음을 갖기에 앞서 내가 가진 것을 되돌아본다면 나의 장점을 살릴 기회를 찾을 수 있지 않을까.

22

집착의 끝

2007년 12월 타계한 로저 스미스 전 제너럴모터스 회장은 실패한 CEO로 이름을 남겼다. 그는 1949년 제너럴모터스에 입사해 1974년 제너럴모터스의 재무와 대외 협력 담당 부사장에 올랐으며 1981년부터 1990년까지 제너럴모터스를 이끌었다. 당시 제너럴모터스를 포함해 미국 자동차업체들은 토요타를 필두로 한 일본 업체들의 도전을 받아 고전하고 있었다.

그는 이 문제를 해결하기 위해 안간힘을 썼다. 중소형차 부문을 강화하고 금융 및 서비스업체들과 제휴해 경쟁력을 높이려고 했다. 미시간 공장 문을 닫고 멕시코를 비롯해 인건비가 싼 곳으로 생산기지를 옮겼다. 이 과정에서 대량 감원을 단행해 직원들의 반발을 초래하기도 했다. 그는 언론과 인터뷰할 때마다 생산 공정을 자동화해 인력을 축소하는 방식으로 비용을 절감해야 한다고 강조했다. 자신의 개혁에 이의를 제기하거나 반대하는 임원들을 해임하거나 지사로 보냈다. 그럼에도 언론들은 그를 위기에 빠진 제너럴모터스를 살리는 혁신적 CEO라며 높이 평가했다.

그러나 로저 스미스의 실험은 실패했다. 공장 자동화를 위해 막대한 자금을 투입하고 인건비를 줄인다며 무리하게 구조조정에 나섰지만 실적은 좋아지지 않았다. 오히려 재임 기간 중에 시장점유율이 10%포인트가량 급락하며 회사를 궁지에 몰아넣었다. 문제를 다각적으로 보는 대신 가장 좋다고 생각하는 오직 한 가지 방법만을 고집한 게 패착이었다. 그가 퇴임한 뒤에도 제너럴모터스는 고질병을 고치지 못했다. 그 결과 2008년 발생한 금융위기를 견디지 못하고 파산 보호 신청에 들어가는 수모를 겪었다.

50년 넘게 견실하게 성장했던 대한전선을 사지死地로 몰아넣은 임종욱 전 사장도 기업을 한 방향으로 몰고 가다가 몰락시킨 예다. 그는 대한전선 창업주 셋째 아들인 설원량 회장의 비서실장 출신이다. 대한전선 대표로 재직하던 2004년, 설 회장이 갑자기 사망하면서 그가 오너 역할을 대신하게 됐다. 후계자였던 설 회장의 장남 설윤석 씨는 아직 나이가 어렸다.

전권을 행사할 수 있는 자리에 오른 그는 공격 경영에 나섰다. 전선 사업만으로는 더 이상 덩치를 키우기 힘들다는 판단을 내렸기 때문이었다. 무주리조트를 비롯해 쌍방울과 남광토건 등 확장을 위해 인수한 자산 가격이 2조 원에 달할 정도였다. 회사의 미래를 위해 투자한다는 취지는 좋았지만 두 가지 측면에서 문제가 있었다.

하나는 인수금액이 너무 컸다. 대부분의 매입 자산들이 가치 대비 매입가가 너무 높았다. 만약 경기가 좋고 사업이 잘됐다면 이런 실수를 그냥 넘어갈 수도 있었을 것이다. 그러나 불행하게도 금융위기가 오면서 인수했던 자산 가치는 급락했고 본체인 대한전선에도 엄청난 부담을 줬다.

다른 하나는 임 전 사장의 개인 비리다. 그는 주어진 권한을 활용해 배임과 횡령을 저질렀다. 어느 누구의 감시도 받지 않는다는 점을 이용해 자신 소유의 기업에 대한전선의 자금을 썼다. 이 일이 드러나면서 그는 사법 처리를 면할 수 없었다.

로저 스미스 전 회장이나 임종욱 전 사장처럼 전반적인 상황 판단을 하지 못하고 한 가지에만 매달려 일을 망치는 사람들이 적지 않다. 북아메리카 원주민이 전하는 '코요테의 선물'은 이를 경계하는 우화다. 한 가지 재주를 얻어 전가보도傳家寶刀처럼 쓰다가 낭패를 본다는 내용이다.

🖊 ___ '무노래No-Song'라는 사내가 있었다. 할 수 있는 노래가 하나도 없어 붙여진 이름이었다. 무노래는 옥수수와 사슴고깃국이 담긴 냄비를 가지고 있었다. 코요테가 멀리서 이 냄새를 맡고 달려왔다.

"어이, 무노래! 옥수수와 고깃국을 무엇과 바꿀 거니?"

"노래를 만드는 코요테구나. 노래 하나를 주면 이 모든 것을 줄 수 있어."

"무슨 노래?"

"젊은 아가씨들의 심장을 두근거리게 만드는 노래. 그렇지만 너 같은 코요테는 줬던 선물을 도로 가져가잖아."

"안 그럴게! 다만 이 노래가 목적에 맞게 현명하게 쓰이는 한에서만. 그러니까 사람들을 기쁘게 해주고 싶을 때만 불러야 해."

"넌 내가 올바른 방식으로 노래를 사용하지 않을 것이라고 생각하는 거니?"

"어쨌든 노래를 줄 테니 옥수수와 국을 내게 주렴."

사내는 노래를 받은 뒤 무도회와 축제에서 마음껏 노래를 불렀다. 노래를 들은 사람들은 사내의 이름도 '멋노래Singing Wonderfully'라고 바꿔줬다. 그러나 그는 아무 데서나 멋대로 노래를 불렀다. 몇 개월이 지나자 그의 노래는 식상해졌다. 노래를 들으면서 딴청을 피우거나 아예 잠을 자는 사람도 있었다.

어느 날, 코요테는 그가 잠든 사이에 노래를 다시 가져갔다. 그가 노래를 잘못 사용했으니 가져가는 게 정당하다고 느꼈기 때문이었다. 사내가 일어났을 때는 이미 그에게서 노래가 떠난 뒤였다. 그는 예전처럼 노래를 할 수 없는 사내가 됐다. 사람들도 그에게 노래를 기대하지 않았다. 이름도 다시 무노래가 되고 말았다. 그는 노래를 부르기 위해 옥수수와 고깃국을 앞에 놓고 코요테를 기다렸지만 코요테는 영원히 돌아오지 않았다.

모든 상황에 적합한 솔루션은 결코 있을 수 없다. 환경이 변하면 기존에 가지고 있는 기술이나 방식, 노하우를 버려야 할 때도 있다. 때로는 자신이 가지고 있는 권한이나 권력을 놓는 것이 절체절명의 위기를 넘기는 필수 조건이 되기도 한다. 그것을 아는 것과 실행에 옮기는 것은 또 다른 문제지만 훌륭한 경영자가 되려면 회사를 위해 자신을 버릴 각오도 가져야 한다. 그렇지 않으면 우화 속 주인공처럼 다시는 노래를 부르지 못하는 신세를 면치 못할 것이다.

23

어부, 절실함으로
바다를 건너다

　20층 이상 높이까지 올라가는 굴절사다리 소방차를 만드는 국내 유일의 기업이 있다. 콘크리트펌프카와 유압브레이커, 발전기, 타워크레인 등 다양한 분야의 특수 중장비와 기계를 생산하는 에버다임이다. 400명이 넘는 임직원들에 국내외에서 2,800억 원가량의 매출을 올린 중견기업으로, 코스닥에도 상장된 곳이다.

　이 회사와 창업자의 성장사를 보면 '기적'이라는 말이 절로 나온다. 회사를 설립한 전병찬 대표는 말 그대로 불알 두 쪽밖에 없던 사람이었다. 어렸을 때 부모를 잃고 친척 집에서 살았던 그는 빨리 돈을 벌어야 했기 때문에 공업고등학교에 입학했다. 학교에서는 기능올림픽을 준비하는 기대주였다. 그러나 고된 훈련에도 불구하고 기능올림픽에서 번번이 떨어지자, 도저히 수상 가능성이 없다고 판단한 그는 선수생활을 접었다.

고등학교를 졸업한 뒤 중소업체에 용접공으로 취직해 22개월을 보내던 그는 '이대로 살다가는 미래가 없다'는 생각을 갖게 됐다. 반드시 대학에 들어가야 한다는 절실한 마음을 갖게 된 이유였다. 공부할 여건이 안 됐지만 시간을 쪼개고 돈을 아껴 대입 시험을 준비했다. 천신만고 끝에 청주대 행정학과에 입학한 그는 대학 졸업 후 대우중공업에 들어갔고, 회계 실력을 인정받으며 자금을 담당하는 부서에서 약 10년간 근무했다. 이른바 '헝그리 정신'에 바탕을 둔 열정 덕택에 전 대표는 동기들에 비해 진급이 빨랐다. 그러나 그는 다시 자신을 돌아봤다.

"일상적인 업무에 더 이상 재미를 느낄 수 없었지요. 나름대로 잘나가던 직장생활을 접고 새로운 분야에 도전하기로 했습니다. 회사 일을 하며 접한 중고 중장비 유통 사업이 유망할 것으로 보고 여섯 명이 모여 창업했습니다. 국내외 중장비 수요가 많았던 때라 초기에는 큰 문제가 없었어요."

하지만 회사를 설립하고 얼마 되지 않아 외환위기가 터졌다. 신규 매출은커녕 받아놓았던 주문도 취소되면서 전 대표는 절체절명의 위기에 빠졌다. 그대로 가다가는 몇 년 경영도 해보지 못하고 회사 문을 닫아야할 형편이었다. 그는 물에 빠진 사람이 지푸라기라도 잡는 심정으로 그때까지 한 번도 거래해보지 않았던 중남미 시장을 두드려보기로 했다.

"중남미 현지에 가보니 중고 중장비 수요가 매우 컸습니다. 일단 개척하고 나니 수출 물량이 끊이지 않았지요. 정말 중남미에서 대박을 낸 겁니다. 우리가 중고 중장비를 수출한 것이 이후 한국 중장비업체들이 중남미에 진출할 때 분명 도움이 됐을 겁니다."

기사회생한 전 대표는 한동안 승승장구했다. 자금이 쌓이자 중고 중장비만 취급할 것이 아니라 아예 새 기계를 만들기로 했다. 마침 외환위기로 실직한 엔지니어와 전문가들이 많아, 신제품을 개발하고 공장을 돌리는 데 필요한 인력을 구하는 일은 걱정할 필요가 없었다. 운이 딱 맞아떨어진 셈이다.

그러나 전 대표에게는 또 다른 시련이 기다리고 있었다. 키코 사태였다. 다른 수출 중소기업과 마찬가지로 그는 은행 직원의 달콤한 유혹을 이기지 못해 키코에 가입했다. 2008년 글로벌 금융위기로 환율이 급변동하면서 환율 관련 파생상품이었던 키코는 비정상적인 방향으로 움직였다. 그 결과 전 대표는 엄청난 손실을 봤다. 이에 그는 자신의 지분을 은행에 넘기면서 회사를 살렸다. 에버다임의 최대주주가 전 대표에서 은행으로 넘어간 배경이다.

전 대표의 도전은 아직 끝나지 않았지만 지금까지 그의 삶은 시련과 위기를 피나는 노력과 행운으로 극복하는 과정이었다. 그 과정에서 에버다임이라는 우량 중견기업을 낳았다. 자칫 몰락하거나 망할 수 있었던 기업이었지만 중요한 순간마다 기적에 가까운 일들이 벌어지며 살아남았다. 그 뒤에는 반드시 회사를 살리겠다는 전 대표의 절실함이 있었다.

절실함의 놀라운 힘을 가장 극적으로 표현한 우화 중 하나가 도스토

옙스키의 《카라마조프가의 형제들》에 나온다.

✎___ 기도문을 외우고 싶었던 한 어부가 있었다. 그는 하나님을 섬기는 현자를 찾아가 기도문을 배우고는, 기도문을 중얼거리며 배를 타고 바다로 나갔다.

고기를 잡던 중 어부는 그만 기도문의 한 구절을 잊었다. 기도문을 외워야 한다는 절실한 마음에 그는 다시 현자를 찾았다. 현자는 멀리 바다에서 한 사람이 다가오는 것을 봤다. 바로 어부였다. 어부는 다급한 표정으로 바다 위를 걸어오고 있었다. 그의 간절한 마음이 바다를 걷는 '기적'으로 나타났던 것이다. 어부가 현자에게 부탁했다.

"기도문의 한 구절을 잊었습니다. 다시 알려주세요."

현자는 대답했다.

"당신은 더 이상 기도문을 외울 필요가 없습니다."

탈무드에 나오는 랍비 힐렐의 이야기도 절실함에 대한 감동적인 일화다.

✎___ 2,000여 년 전 바빌로니아에 한 청년이 있었다. 그는 신에 대한 공부가 하고 싶어 이스라엘로 갔다. 하지만 수업료가 없었기 때문에, 어쩔 수 없이 돈벌이에 나서야 했다. 그는 최소한의 생활비를 빼고 남은 돈으로 수업료를 냈다. 돈벌이가 좋지 않아 수업을 들을 수 없을 때도 있었다.

수업료를 마련할 수 없었던 어느 날, 그는 몰래 학교 지붕 위로 올라가 굴뚝에다 귀를 대고 강의를 들었다. 너무 피곤했던 그는 그대로 그만 잠이 들고 말았다. 당시는 겨울이라 눈이 많이 내렸고, 눈은 잠든 청년을 덮었다. 다음 날 아침, 학생들은 교실이 유난히 어둡다는 사실을 깨달았다. 지붕에 난 창을 누군가 가리고 있었기 때문이었다. 바로 그 청년이었다. 학생들은 온몸이 얼어 있던 그를 지붕에서 내렸고 청년이 깨어날 때까지 잘 보살펴줬다. 다행히 청년은 눈을 떴고, 모두 탄성을 질렀다. 선생님은 그에게 왜 지붕에 올라갔는지 물었고, 청년은 솔직하게 대답했다. 배움에 대한 청년의 열정에 감동받은 선생님은 수업료를 면제해줬다. 그 청년은 열심히 공부해 훌륭한 선생님이 됐다. 그 청년이 바로 랍비 힐렐이다.

어려운 상황에 직면하면 누구에게나 이를 극복해야 한다는 절실한 마음이 생기기 마련이다. 이때 초인적인 집중력이 생기고, 평소에는 이룰 수 없는 성과를 내게 된다. 한번 그 경험을 해본 사람은 실패를 두려워하지 않는 힘이 생긴다. 그것이 바로 절실함의 위력이다. 만약 CEO가 자신뿐 아니라 임직원들에게 이 절실함을 갖도록 만든다면 기업의 잠재력을 최대한으로 키울 수 있지 않을까.

어려운 상황에 직면하면,
누구에게나 이를 극복해야 한다는
절실한 마음이 생기기 마련이다.
이때 초인적인 집중력이 생기고,
평소에는 이룰 수 없는 성과를 내게 된다.
한번 그 경험을 해본 사람은
실패를 두려워하지 않는 힘이 생긴다.
그것이 바로 **절실함의 위력**이다.

24

짝퉁의 역습

중국 온라인 쇼핑몰업체인 알리바바가 '짝퉁' 문제로 궁지에 몰린 적이 있다. 가짜 제품을 팔고 있다는 중국 정부의 행정지도 내용이 알려진 이후 파장이 커졌던 것이다. 뉴욕 증시 상장 때 짝퉁 상품 판매를 숨긴 것을 포함해 알리바바가 잘못된 정보로 투자자들을 현혹시켰다며 집단소송을 준비하고 있다는 얘기까지 나왔다. 엎친 데 덮친 격으로 실적마저 기대치를 밑돌면서 그야말로 잘나가던 알리바바는 사면초가에 빠졌다.

하지만 짝퉁의 역습을 제대로 받고 있고, 앞으로도 계속 문제가 될 중국 기업은 샤오미다. 이 회사의 창업자인 레이 쥔 회장은 2010년 샤오미를 창업할 때부터 '짝퉁 애플'을 표방했다. 이에 따라 그는 애플의 OS를 거의 그대로 모방한 소프트웨어 '미유아이MiUI'를 내놓았다. 이 전략은 적중했다. 사용자가 빠르게 확산되면서 애플에 버금가는 기반을 짧은 기간 안에 구축했다.

미유아이를 채용한 스마트폰도 철저하게 짝퉁 애플을 지향했다. 가격과 판매 방식만 애플과 달랐다. 현실적으로 애플과 똑같은 마케팅을 할 수 없었기 때문이다. 샤오미 스마트폰의 가격은 애플의 절반 값도 안 된다. 판매 방식도 다른 제조사와 달리 온라인에 집중했다. 싼 가격을 유지하려면 어쩔 수 없는 선택이었다. 자체 생산 대신 주문을 받아 위탁 제조하는 방법으로 재고 비용도 획기적으로 줄였다.

샤오미의 노골적인 짝퉁 전략은 일단 큰 성공을 거뒀다. 중국 시장에서 삼성전자를 밀어냈다. 미국 경제잡지 〈포브스〉 등 언론들은 레이 쥔 회장의 재산이 크게 증가하고 있다는 기사를 계속 다루고 있다. 중국 내 부자 순위에서 최상위권에 입성한 것은 물론이다.

그러나 샤오미는 애플 베끼기에 대한 역풍을 벌써 맞고 있다. 먼저 인도에서 스웨덴 통신업체 에릭슨이 샤오미를 상대로 특허 침해 소송을 제기했다. 이로 인해 인도에서 샤오미 스마트폰은 한때 판매 금지 처분을 받았다. 미국에서는 샤오미가 투자한 온라인 동영상 서비스 회사가 같은 혐의로 고소를 당했다. 이에 앞서 중국에서도 샤오미는 화웨이 등 경쟁업체로부터 기술 특허 침해 관련 경고를 받은 바 있다.

이것은 시작에 불과할 수도 있다는 게 전문가들의 의견이다. 샤오미는 엄청나게 많은 제품을 판매하고 있음에도 불구하고 관련 특허는 거의 없는 실정이다. 애플 같은 글로벌 기업들이 샤오미를 견제하기 위한 방편으로 본격적인 소송에 나서면 더 이상 성장하기 힘들 수도 있다. 큰 소송에서 패소해 천문학적인 피해 보상을 해야 하는 상황으로 내몰리면 빠른 속도로 몰락할 가능성도 배제할 수 없다. 삼성전자와 애플의 소송에서 벌어진 일을 생각해보면 샤오미가 직면할 위험을 짐작할 수 있을 것이다.

이처럼 '짝퉁의 역습'을 연상시키는 우화는 여러 곳에서 찾아볼 수 있다. 《장자 외편》의 〈추수秋水〉에 실려 있는 이 이야기는 '한단지보邯鄲之步'라는 중국 고사의 유래이기도 하다.

조나라 사상가인 공손룡은 자신을 당대 최고 학자라고 여겼다. 어느 날 그는 장자에 대한 얘기를 들었다. 경쟁심이 생긴 그는 장자의 선배인 위나라 사람 위모에게 장자의 가르침에 대해 알고 싶다고 말했다. 위모는 공손룡의 마음을 읽고 한단지보에 얽힌 이야기를 들려줬다.

"수릉이라는 곳에 한 젊은이가 있었는데, 그는 조나라의 서울인 한단에 가서 그곳의 걸음걸이를 배우려 했다네. 하지만 그는 결국 한단의 걸음걸이도 제대로 배우지 못했을 뿐만 아니라 자신의 본래 걸음걸이를 잊어버려 결국 기어서 집으로 돌아왔다네. 장자를 배우겠다고 이곳에 있다가는 장자의 가르침은커녕 자네가 알고 있던 것마저 잃게 될 걸세."

이솝우화 '말의 울음소리를 흉내 낸 솔개'도 비슷한 주제다.

✎___ 솔개는 갑자기 자신의 목소리가 싫어졌다. 높고 찢어지는 듯한 소리가 마음에 들지 않았기 때문이었다. 그러던 어느 날 솔개는 말이 우는 소리를 들었는데, 그 소리가 무척 아름답게 들렸다. 솔개는 자신의 목소리를 말과 같이 바꾸겠다고 결심하고, 열심히 말의 울음소리를 흉내 냈다. 하지만 피나는 노력에도 불구하고 도저히 말의 울음소리를 낼 수 없었다. 말의 목소리를 가질 수 없다는 사실을 깨달았을 때 솔개는 원래 자신이 가지고 있던 목소리마저 내기 힘들었다.

잘나가는 제품이나 서비스를 보면 그대로 따라 하고 싶은 욕망이 생긴다. 기존보다 싼값에, 거기다 한 가지를 더 붙여서 팔면 원조를 뛰어넘을 것 같다는 생각도 든다. 하지만 이런 전략으로 성공할 확률은 매우 낮다.

'모방은 창조의 어머니'라는 말이 성립하려면, 즉 원조를 뛰어넘으려면 반드시 독창적인 무언가가 있어야 한다. 선진국일수록, 사회가 공정하고 투명해질수록 특허 같은 지적재산권에 대한 보호는 강화되기 마련이다. 지속 가능한 성장을 원하는 사회 분위기에서는 짝퉁 비즈니스가 점점 어려워질 것이다. 많은 기업들이 적지 않은 자금과 인력을 투입해 독자 기술을 개발하며, 자기만의 사업 방법을 찾고 있는 이유다. 모방이 하나의 계기는 될 수 있을지 몰라도 기업을 끝까지 지켜주는 수단이 될 수는 없다는 사실은 만고불변의 진리다.

25

폭풍우를
극복하는 힘

엠씨넥스의 민동욱 사장은 수출입은행이 선정하는 히든챔피언 전국 간사였다. 히든챔피언이란 글로벌 시장에서 두각을 나타내는 국내 중소·중견기업 모임이다. 그는 40대로 젊은 데다 붙임성이 좋아 간사로서는 제격인 인물이었다.

그런 그에게 한동안 경쟁의식을 자극했던 사람이 있었다. 거액의 불법 대출로 세간의 주목을 받았던 박홍석 모뉴엘 대표다. 모뉴엘과 엠씨넥스는 공교롭게도 창업 시기나 사업 분야가 같거나 비슷하다. 두 회사모두 2004년 설립됐고, 넓은 의미의 IT기업이라고 할 수 있다. 민 사장이 박 대표를 의식하게 된 이유는 모뉴엘의 매출 성장세 때문이었다. 이와 관련해 민 사장은 속마음을 이렇게 털어놓았다.

"엠씨넥스는 아무리 발버둥 쳐도 두 배 이상 성장하는 것은 꿈도 꾸지 못합니다. 경기가 좋지 않았을 때는 매출이 떨어지기도 했어요. 물론 좋을 때는 회사 외형이 커졌죠. 다른 일반 기업에 비해서 엠씨넥스의 성장 속도는 빠른 편이었는데도 히든챔피언 모임에서 박 대표를 만나면 기가 죽었지요. 모임이 있어 만날 때마다 모뉴엘의 매출이 엄청 뛰는 거예요. 처음 그를 만났을 때는 모뉴엘보다 엠씨넥스의 매출이 훨씬 많았는데 언제부터인가 비슷해지더니 그다음부터는 7,000억 원, 1조 원으로 막 뛰더라고요. 은근히 부러웠습니다."

엠씨넥스는 2014년 말 기준으로 매출액이 4,000억 원에 육박하는 중견기업이다. 삼성 갤럭시를 비롯한 스마트폰에 들어가는 카메라모듈과 현대·기아차의 주요 차종에 들어가는 카메라 관련 부품을 생산한다. 삼성전자와 현대차의 1차 협력업체인 셈이다. 엠씨넥스처럼 대한민국 1, 2위 대기업을 동시에 납품업체로 둔 기업은 많지 않다. 여기에 베트남을 포함해 외국에 현지 생산기지를 두고 여러 글로벌 기업에도 제품을 공급하고 있어 엠씨넥스야말로 히든챔피언의 요건을 두루 갖춘 기업이다. 이런 기업을 창업해서 10년 이상 경영한 민 사장은 지금도 성공한 기업인의 길을 가고 있다.

사기극이 폭로되기 전, 모뉴엘의 박 대표도 만만치 않은 인물이었다. 모뉴엘은 로봇청소기를 비롯해 삼성과 LG전자 등 내로라하는 기업들이 경쟁하는 분야에서 몸집을 키웠다. IT와 가전을 접목한 혁신 기술과 독

특한 디자인으로 많은 상을 받으면서 눈길을 끌었다. 모뉴엘 제품들은 얼핏 보면 정말 잘 팔릴 수 있을 것 같은 생각을 하게 만든다. 세심히 주의를 기울여 보지 않으면 치명적 허점을 파악하기 힘들다.

이런 속임수의 절정을 이룬 제품이 홈씨어터PCHTPC다. 진실이 드러나기 직전 모뉴엘은 전체 매출 중에 이 제품이 80% 넘게 차지하는 것으로 서류를 꾸몄다. 모뉴엘에 대출을 해준 금융인이나 투자자들은 박 대표에게 뇌물과 접대를 받았기 때문이기도 하지만 이런 제품들이 그럴듯하다고 생각했을지도 모른다.

박 대표는 제품뿐 아니라 자신을 포장하는 기술에도 뛰어났다. 모뉴엘을 연 매출 1조 원대로 키운 것으로 조작했던 2013년, 일본 니혼게이자이신문이 선정한 '올해 주목되는 아시아의 대표 경영자 8인'에 이름을 올리기도 했으니 말이다.

하지만 그의 말과 행동은 모두 허세에 불과했다. 모뉴엘이라는 기업은 사실상 껍데기만 있는 회사였고, 미국의 유명 대학을 나와 삼성전자 북미법인에서 판매왕으로 이름을 날렸다는 것 역시 날조였다. '진실'이라는 폭풍우가 몰아치자 그가 쌓았던 명성은 오히려 조롱거리가 되고 말았다. 힘들지만 건실하게 한 걸음씩 앞으로 걸어가며 실체가 있는 실적을 만들고, 글로벌 금융위기 같은 시련을 정면승부로 돌파했던 민동욱 사장과 대조된다.

현대 중국 작가인 사오화가 쓴 '독수리와 연'이라는 우화는 민 사장과 박 대표를 상징하는 이야기로 읽을 수 있다. 척박한 현실을 외면하고 겉만 화려하게 꾸몄던 연은 모뉴엘의 박 대표, 진지한 자세로 어려움을 뚫고 날아가는 독수리는 민 사장 같은 존재다.

✎ 　독수리와 연이 바람을 타고 함께 날고 있었다. 이때 연이 독수리를 보고 물었다.

"너는 어디로 가는 거지?"

"폭풍우를 맞으러 간단다. 구름을 뚫고 우레를 몰아 날개로 번개를 치면서 날아가려고 해. 너는 어딜 가는데?"

"나는 그냥 바람을 따라가겠어. 화사한 옷을 휘날리며 아름다운 꼬리를 하느작거리면서 바람의 신비스러운 힘을 빌려 높은 하늘로 오르는 거야. 지상의 인간들이 나의 예쁜 자태를 감상하게 말이야. 높은 창공에서 너울너울 춤추는 멋진 모습을 찬미하게 만들 거야."

독수리와 연은 이렇게 말하고 헤어졌다. 그 후 거센 폭풍우가 몰려왔다. 그러자 독수리의 날개는 더욱 굳세졌고, 그의 눈빛은 한층 예리해졌다. 폭풍우가 지나고 나서도 독수리는 푸른 창공을 유유히 날았다. 반면 연은 무덤이 모여 있는 곳에 외롭게 서 있는 한 그루 나무의 가지 위에 다 찢겨진 상태로 살만 몇 개 남아 너덜너덜 걸려 있었다.

외면과 내면이 똑같지 않은 기업들이 적지 않다. 분식회계까지는 아니지만 교묘하게 실적이나 성과를 과대포장하려는 곳도 있다. 이와 반대로 속은 알차면서 외부에는 잘 드러내지 않으려는 실속파 기업들도 있다. 이는 모두 CEO가 어떤 성향을 가진 사람이냐에 따라 나타나는 차이다. 기업에 투자하려는 큰손들이 가장 먼저 CEO를 만나 그의 얘기를 들어보고, 그에 대한 회사 내외부의 평판을 세심하게 점검하는 이유다.

26

나무 그루터기 옆에서
'다이아몬드' 기다리기

'CNK, 아프리카 카메룬에서 최소 4억 1,600만 캐럿 규모 다이아몬드 개발권 획득!'

2010년 12월 외교통상부가 발표한 보도자료를 보면서 오덕균 CNK 인터내셔널 대표는 회심의 미소를 지었다. 정말 매장량이 이 정도 되는지 확실하지는 않지만 정부가 확인해준 만큼 반응이 뜨거워질 것만은 분명했기 때문이다.

역시 시장은 그의 기대를 저버리지 않았다. 자료가 나온 이후 보름 만에 주당 3,000원대에 불과했던 CNK 주가는 1만 5,000원대로 폭등했다. 그는 주가 급등으로 확보한 자금을 이용해 개발 사업을 본격화하면 충분히 승산 있을 것이라 판단했다. 한국의 최고 광산 개발자로 큰 부자가 될 뿐 아니라 명성도 높아질 자신의 미래를 상상하니 절로 웃음이 나왔다.

하지만 세상에 비밀은 없는 법이다. 세간의 주목을 받자 정말 카메룬에 그만한 가치의 광산이 있는지 의문이 제기됐고 급기야 감사원이 실태 조사에 나섰다. 그 결과 CNK의 카메룬 다이아몬드 개발 프로젝트는 오 대표와 그의 말을 믿었던 동조자들의 사기극으로 판명됐다. 이른바 'CNK 주가 조작' 사건의 주범으로 전락한 관련자들은 허위 정보로 주가를 급등시켜 투자자들에게 엄청난 피해를 주면서 사익을 취했다는 죄로 처벌을 받았다. 다이아몬드 개발에 대한 그들의 꿈도 와르르 무너졌다.

CNK 사건과 같은 극단적인 사례는 흔치 않지만 현실과 유리된 것에 잔뜩 기대를 걸고 일확천금을 꿈꾸는 기업인들은 의외로 많다. 반도체공장과 무균병동, 실험용 동물사육실, 감염격리실, 생물안전실험실 같은 곳을 청소하는 클린룸 사업을 하는 한 중소기업 대표도 여기에 속한다.

사석에서 만났을 때 그는 언젠가 중국 사업을 폭발적으로 키울 수 있을 것이라고 장담했다. 보유한 기술만 보면 충분히 가능성 있는 비전이었다. 그는 국내에서 이미 그 잠재력을 경험했고, 수입에 의존했던 장비를 하나씩 국산화하며 클린룸 시장을 키웠다. 국내 주요 대학병원과 과학단지, 반도체공장의 무균실을 설치하면서 실적과 기술이 함께 발전했다. 국내에서 했던 것과 똑같은 방법으로 중국 시장을 차근차근 확대할 계획이라고 했다면 그의 말을 믿었을 것이다.

하지만 그가 중국에서 걸고 있는 기대와 그것을 성사시키는 방법에 대한 얘기를 들으면서 '헛된 꿈'이라는 생각이 더 강하게 들었다. 중국 시장에서 한 방에 사업을 키우려는 계획을 밝혔기 때문이다.

"중국 권력의 핵심부에 있는 사람들을 잘 알고 있습니다. 이들이 한국에 오면 제가 잘 접대하고 있지요. 이 관계를 잘 활용하면 중국 시장을 단기간에 장악할 수 있을 겁니다. 언제 한번 중국에 가서 그들과 만나보시겠습니까?"

그의 제안이 나쁠 것은 없었지만 신뢰가 가지 않아 그냥 웃고 넘겼다.

이렇듯 현실에 충실할 생각은 하지 않고 일확천금을 꿈꾸는 자를 경계하는 우화들은 많다. 《한비자》에 나오는 '수주대토守株待兎'라는 고사가 대표적이다.

✎ ___송나라에 사는 농부가 밭으로 가다가 희한한 장면을 목격했다. 무슨 일 때문인지 몰라도 토끼 한 마리가 전속력으로 달려가다가 밭에 서 있는 나무 그루터기에 머리를 들이받는 것이었다. 그쪽으로 가보니 토끼는 목이 부러져 죽어 있었다.

농부는 아주 쉽게 토끼를 잡을 수 있는 방법을 찾았다는 기쁨에 밭을 갈 생각마저 잊고 나무 그루터기에 앉아 다른 토끼를 기다렸다. 그러나 날이 저물도록 토끼는 오지 않았고, 농부는 지나가던 사람의 조롱을 받아야 했다.

내용은 다소 다르지만 비슷한 우화가 한국에도 있다. '독장수의 계산' 또는 '독장수의 꿈'이라는 제목으로 전해지는 이야기다.

✎___ 옛날에 한 독장수가 짐을 잔뜩 진 채 장사를 하기 위해 길을 떠났다. 짐도 무겁고 다리도 아파 길가에 지게를 내려놓고 잠시 쉬던 그는 앉아서 담배를 한 대 물고 이런저런 상념에 빠졌다. 처음에는 고달픈 신세를 한탄하던 그는 조금이라도 희망적인 생각을 하기로 마음을 바꿨다. 그래서 생각해낸 것이 이익을 남기는 방법이었다.

독 하나를 1원에 주고 사왔으니 2원에 팔면 독을 두 개 살 수 있고, 다시 이것을 팔면 4원, 또 사고팔면 8원, 반복하면 16원이 될 것이라고 상상했다.

'이렇게 돈을 많이 벌면 집도 크게 짓고 자식들도 많이 낳아 기를 수 있겠구나!'

기분이 좋아진 그는 들뜬 마음에 덩실덩실 춤을 추기 시작했다. 그러다가 그만 지게를 받쳤던 작대기를 건드렸고, 지게가 쓰러지면서 독들이 와장창 깨졌다. 부자가 되겠다는 그의 꿈과 더불어.

수주대토의 농부나, 헛된 꿈을 꾸다가 가지고 있는 밑천마저 날리는 독장수나 어리석기는 마찬가지다. 이런 우화를 읽으면서 바보 같은 주인공을 비웃는 사람도 정작 자신이 그렇다는 사실은 알지 못한다. 욕심이 현실을 냉정하게 보는 눈을 가리기 때문이다. 'CNK 주가 조작 사건'

도 이해관계가 없는 제3자의 눈으로 보면 처음부터 말도 안 되는 프로젝트였다. 조금만 주의를 기울였다면 곧바로 사기성이 있다는 사실을 알았을 것이란 얘기다.

기업을 경영하는 것은 돈을 벌기 위한 기본 욕구에서 비롯된 것이지만 지나친 욕심은 화를 부를 수 있다. 경영 역시 상식에서 크게 벗어나지 않는다. 적절한 자본과 노동, 시간을 투입하면서 동시에 독창적인 아이디어가 들어가 있는 혁신과 기술이 수반되지 않은 사업 계획은 십중팔구 큰 실패나 화를 불러일으킬 신기루일 가능성이 높다.

27

오뚝이 경영자와
신발장수의 공통점

'핫탑'이라는 아이디어 상품이 있다. 커피나 차의 온도를 섭씨 60도로 유지시켜주는 제품이다. 발열판을 사용한 간단한 기술이지만, 겨울철에도 차를 따뜻하게 마실 수 있다는 사실에 나오자마자 선풍적인 인기를 끌었다.

이것을 발명한 사람은 중소기업 더오디의 이원배 사장이다. 그는 1984년 서울대 기계설계학과에 입학한 공학도였다. 공부도 잘했지만 이런저런 아이디어가 많은 사람이었다. 그는 대학 졸업 후 대기업을 선택하는 대신 당시 유망 중소기업이었던 유니슨에 취직했다. 자신의 기량을 마음껏 펼쳐보고 싶었기 때문이다. 유니슨에서 그는 전 부서를 돌며 기술과 경영을 접목하는 능력을 키웠다.

어느 정도 창업 준비가 됐다고 판단한 그는 2000년 자외선 측정 기술 특허를 기반으로 하는 벤처기업의 경영권을 넘겨받았다. 이 사장은 자외선 측정 기술을 토대로 휴대폰 기능을 확장할 수 있는 부품을 개발했다. 그리고 시제품을 들고 팬택을 찾았다. 팬택 담당자는 좋은 아이템이라고 평가한 뒤 납품해줄 것을 요청했다. 그 말만 믿고 생산공장과 설비에 과감하게 투자했지만 막상 납품하려고 하자 팬택은 약속을 저버렸다. 결국 그는 막대한 빚만 지고 사업에 실패했다. 신용불량자로 전락해 일상생활도 힘들었다. 보유하고 있는 특허 등 유무형 자산은 무용지물이 돼버렸다. 좌절에 빠진 그는 한동안 방황했다. 그러던 중 중견기업 연구소장이었던 대학 선배의 도움을 받아 다시 연구에 몰입했다. 수년간의 노력 끝에 개발한 제품이 핫탑에 들어가는 면상발열체.

사실 핫탑은 그가 목표로 한 최종 제품은 아니다. 전기레인지에 들어가는 핵심 부품을 글로벌 기업에 납품해 강소기업으로 키우는 것이 그의 꿈이다. 이를 위해 이 사장은 이미 '세라믹글라스를 이용한 면상발열체' 특허를 받아놓았다. 도자기판에 발열체를 넣어 절전형 전기레인지를 만들 수 있도록 하겠다는 것이다. 피나는 노력 덕에 이 사장은 벤처기업계에서 재기한 사업가로 유명세를 탔다. 정부와 지방자치단체, 보증기금의 지원을 받으며 도약의 발판을 마련했다.

하지만 이렇게 되기까지 그는 쉽지 않은 여정을 밟아왔다. 다시 정신을 차리고 재기하려는 시도를 하지 않았다면 여전히 실패한 사업가로 남아 있었을 것이다. 그가 남과 달랐던 한 가지는 바로 하늘이 무너져도 솟아날 구멍이 있다는 낙관이 있었다는 사실이다. 이는 재기에 성공한 사람들의 공통된 특징이기도 하다.

이와 관련해 탈무드의 '신발장수 희망 찾기'라는 이야기는 이원배 사장처럼 차분하게 대응하면 어려운 상황을 충분히 극복할 수 있다는 메시지를 전한다.

✎___ 한 신발장수가 장사가 잘되지 않아 고민하고 있었다. 그러던 중 먼 도시에서 좋은 신발을 싸게 판다는 소식을 접했다. 그 물건을 구하기만 하면 적지 않은 수익을 올릴 수 있으리라는 생각에, 신발장수는 전 재산을 가지고 그 도시로 달려갔다. 그러나 이미 신발은 다 팔린 상태였다. 그는 어쩔 수 없이 가져온 돈을 그대로 들고 하룻밤을 보내야 했다. 그런데 아무래도 현금을 그대로 들고 있는 게 불안했다. 만약 강도가 나타나면 어떻게 할 것인가? 그는 불안해져 아무도 모르는 곳에 돈을 숨기기로 했다.

신발장수는 한적한 공터를 찾아 나무 밑을 파고 그곳에 500냥을 묻었다. 주변에는 아무도 없었다. 안심한 신발장수는 여관으로 돌아와 편한 마음으로 다음 날 아침 늦게까지 잠을 잤다. 그러나 다음 날 나무 밑 땅속에는 어찌 된 일인지 아무것도 없었다.

신발장수는 난감했지만 마음을 차분하게 가라앉히고 주변을 둘러봤다. 마침 공터 저편에 집 한 채가 있었고, 자세히 살펴보니 담장에 작은 구멍이 뚫려 있었다. 그는 분명 이 집 주인이 돈을 훔쳤을 것이라고 확신했다. 한참을 궁리한 뒤 신발장수가 문을 두드리자, 집주인인 노인이 문을 열고 손님을 맞았다.

"지혜로운 분이라고 들었습니다. 제게 고민이 있는데 조언을 좀 듣고 싶어 찾아왔습니다."

"과찬의 말씀입니다. 생각은 부족하지만 어떤 일인지 들어보고 의견을 말씀드리지요."

"사실 제게 1,300냥의 돈이 있었는데 그중 500냥은 어느 곳에 숨겨놓았지요. 나머지 800냥도 잠시 어디에 둬야 하는데 500냥이 있는 곳에 함께 놓아야 할지, 아니면 다른 곳에 묻어둬야 할지 판단이 서지 않습니다. 어떻게 하는 게 더 현명한 것일까요?"

그 말을 들은 노인은 더 많은 돈을 챙길 기회가 왔다고 생각하며 쾌재를 불렀다.

"그야 같은 곳에 두는 것이 좋겠지요. 다른 곳에 두면 번거롭지 않을까요?"

"예, 알겠습니다. 그렇게 하겠습니다."

신발장수는 그 집을 나와 멀리 가는 척하면서 골목에 몸을 숨겼다. 그리고 노인의 행동을 살폈다. 노인은 훔친 500냥을 들고 와 다시 나무 밑에 묻었다. 노인이 떠난 뒤 신발장수는 자신의 돈을 되찾아 집으로 향했다.

주인공인 신발장수는 막대한 재산을 도난당한 상황에서도 냉정한 판단과 대응으로 위기를 잘 넘겼다. 어떤 어려운 상황이라도 신발장수와 같이 잘 궁리해보면 회생할 방법을 찾을 수 있다. 문제는 공포와 두려움, 절망에서 빨리 벗어나는 일이다. 그것만 할 수 있다면 쓰러져도 다시 일어서는 오뚝이 경영자가 될 수 있다.

28

회사에 가장
기여한 사람은 누구?

'한 직급 특별 승격과 1억 원의 상금.'

삼성그룹이 연말에 발표하는 '자랑스런 삼성인상' 수상자들에게 주어지는 보상이다. 직장인이라면 누구나 부러워할 만한 내역이다. '자랑스런 삼성인상'에는 그해 삼성그룹에서 가장 높은 부가가치를 창출한 분야와 인물이 누구인지 그대로 나타난다. 삼성 특유의 냉철한 '성과주의'를 엿볼 수 있는 상이다. 2014년에는 반도체와 TV 관련 부서가 휩쓸었다. 반면 2010년부터 한 해도 빠지지 않고 상을 받았던 IT와 모바일사업부 임직원은 한 명도 없어 눈길을 끌었다. 스마트폰 부진이 반영된 결과일 것이다.

'자랑스런 삼성인상'은 1994년 제정됐다. 한 해 전인 1993년 6월 이건희 회장이 독일 프랑크푸르트 사장단 회의에서 선포한 '신경영'을 성공적으로 정착시키기 위한 실행 방안 중 하나였다. 신경영은 모든 것을 바꿔야 하며 이를 위해서는 인재와 성과를 가장 중요한 가치로 내걸어야 한다는 점을 강조했다.

삼성뿐 아니라 모든 기업은 해마다 기여도에 따라 임직원들에게 성과보상을 실시한다. 삼성처럼 철저하게 성과에 따라 주는 기업도 있고, 협업의 중요성에 방점을 두고 가급적 많은 사람들이 성과급을 받을 수 있도록 하는 곳도 있다. 제너럴일렉트릭의 전 CEO인 잭 웰치는 성과지상주의자였다. 그는 기업이 승리하려면 성과를 내는 직원과 그렇지 못한 사람을 명확하게 구분할 필요가 있다고 역설했다. 온정에 이끌려 모든 임직원에게 똑같은 보상을 한다면 기업이 발전할 수 없으며, 특히 치열한 경쟁에서 살아남을 수 없다고 강조했다.

한때 성과주의는 유행처럼 확산돼 거의 모든 기업이 채택했지만 최근 들어서는 개별 성과보다는 협력과 협업을 통해 회사 전체에 이익이 되는 부가가치를 창출하는 것이 더 중요하다는 주장이 설득력을 얻고 있다. 성과와 더불어 협업을 훌륭하게 수행한 부서에 대해서도 후한 점수를 줘야 한다는 얘기다. 성과주의를 지향하든, 협업을 강조하든 CEO는 반드시 성과와 기여도를 객관적으로 평가할 필요가 있다. 보상을 어떤 식으로 할 것인지는 그다음 문제다. 실제로 회사 이익에 큰 역할을 한 사람을 파악하고 있어야 공평한 인사가 가능하기 때문이다.

문제는 기여도를 공정하게 평가하기 힘들다는 것이다. 단순히 실적에 의존할 수도 없고, 독창적인 신제품이나 서비스를 고안한 것에만 가중치를 두는 것도 합리적이지 않다. 신제품을 개발하고 그것을 통해 실적도 높인 부서나 사람이 있다면 쉽게 결정할 수 있겠지만 현실은 그렇지 않을 때가 더 많다. 좋은 제품을 개발한 곳과 이익을 많이 낸 부서는 다르듯 말이다. 탈무드에 나오는 '마법의 사과' 이야기는 CEO가 임직원들의 기여도를 평가할 때 참고할 수 있는 '지혜'를 담고 있다. 성과 평가에 응용할 만하다.

한 나라의 왕에게 딸이 있었는데, 불행하게도 그 딸은 큰 병으로 사경을 헤매고 있었다. 왕은 용하다는 의사를 찾아보고, 좋은 약도 써봤지만 모두 허사였다. 마지막 방법으로 왕은 딸의 병을 고치는 사람을 사위로 삼고 왕국을 물려주겠다는 포고문을 발표했다.

왕궁에서 멀리 떨어진 시골 마을에 사는 삼형제는 각자 진귀한 물건을 하나씩 가지고 있었다. 그들은 아무리 멀어도 볼 수 있는 망원경, 하늘을 나는 양탄자, 어떤 병이라도 고칠 수 있는 마법 사과의 주인이었다.

첫째가 망원경으로 왕이 포고문을 내거는 장면을 보고 동생들을 불렀다.

"공주가 죽을병에 걸린 것 같은데 우리가 가서 구해주자. 공주와 결혼할 수도 있고 왕이 될 수도 있다고 하니."

둘째와 셋째는 그 말에 동의하고 왕궁으로 출발했다. 둘째가 가진 양탄자가 이때 큰 힘을 발휘했다. 삼형제는 양탄자를 타고 순식간에 왕궁에 도착했다. 이어 셋째가 자신의 마법 사과를 공주에게 먹였다.

사과를 먹은 공주는 병이 씻은 듯이 나았다. 왕은 기뻐하며 삼형제를 칭찬했다. 그런데 문제가 있었다. '삼형제 중 누가 공주와 결혼해 왕위를 물려받을 것인가?'였다. 먼저 첫째가 주장했다.

"제가 가진 망원경으로 포고문을 보지 못했다면 공주가 병에 걸렸다는 사실을 알지 못했을 것입니다."

그러자 둘째가 나섰다.

"양탄자를 타고 빨리 오지 않았으면 공주가 살아 있는 동안에 도착하기 힘들었을 것입니다."

끝으로 셋째가 한마디 했다.

"그렇지만 마법 사과가 아니었다면 공주를 살릴 수 없었겠지요."

왕의 선택은 누구였을까? 당연히 셋째였다. 공주가 병을 고친 이후에도 첫째와 둘째는 모두 자신의 물건을 그대로 가지고 있었지만 셋째는 그렇지 않았기 때문이다.

회사에 기여한 사람들에게 성과 보상을 하는 것에는 이론의 여지가 있을 수 없다. 하지만 우열을 가릴 수 없을 정도로 비슷한 성과를 낸 직원들 중에서 상을 주려고 할 때는 누구나 인정할 수 있는 기준이 있어야 한다.

포고문을 보고 공주를 고치러 가자고 제안한 첫째와 더 빨리 왕궁에 가기 위해 자신의 양탄자를 제공한 둘째의 마음, 그리고 자신을 살리는

데 쓸 수도 있었던 마법 사과를 공주에게 기꺼이 바친 셋째의 절실함에
는 분명 차이가 있다. 자세히 봐야만 보이는, 미세하지만 큰 차이가 분
명히 존재한다. 임직원의 성과와 기여도를 평가할 때 CEO는 이런 혜안
을 가동할 필요가 있다.

29

회사를 살린
'구리무'

LG와 GS그룹의 구 씨와 허 씨의 동업 역사에서 가장 결정적인 시기는 1946년 초였다. 당시 조선흥업사를 세워 무역과 유통 사업을 하던 구인회 LG 창업자는 적지 않은 자금과 인재가 필요했다. 포목과 수산물 같은 일반 제품을 취급하다가 화장품 판매로 사업 영역을 넓히려고 했기 때문이다.

많이 알려진 얘기지만 구인회 회장과 '구리무크림'의 만남은 LG그룹의 초석이 됐다. 구리무는 그들이 유통과 판매에서 화학산업으로 눈을 돌리는 단초를 제공했다. 불량 구리무 용기를 줄이려고 고심하던 중 플라스틱 소재가 발견됐고 이것이 발전해 LG그룹의 성장판 역할을 했다.

LG그룹 역사에서 구리무 같은 역할을 한 사람이 있다. 구 회장 장인의 가까운 친척인 허만정으로 구 씨와 허 씨의 오랜 동업의 시초가 된 인물이다. 구리무 사업을 추진하던 때 구인회 회장은 그동안 사업하면서 모은 돈이 있기는 했지만 비즈니스를 비약적으로 키우려면 더 큰 자금이 절실했다. 옆에서 일을 도와줄 사람도 필요했다. 그가 원했던 이 두 가지를 한 번에 해결해준 귀인貴人이 바로 허만정이다.

　지방의 큰 부자였던 그는 막대한 돈을 출자금으로 내놓으면서 동업을 요청했고 자신의 아들 중 한 명인 허준구를 맡아 기업가로 키워줄 것을 부탁했다. 구 회장에게는 사막의 오아시스와 같은 제안이었다.

　구 회장은 새로 출자받은 돈으로 사업을 확대해나갔다. 이때 허만정이 출자한 자금과 이어 경영에 참여한 허 씨 자손들은 구 씨의 후계자들과 더불어 무려 3대에 걸쳐 60년 가까이 동업 관계를 유지했다. 2005년 이별을 할 때 허 씨는 GS라는 한국의 간판 그룹을 보유한 집안으로 우뚝 섰다. 허만정의 출자금은 구 씨를 성장시켰을 뿐 아니라 그의 집안까지 반석 위에 올려놓는 투자가 된 셈이다.

　이처럼 서로 진심으로 도와줄 때, 좋은 결과로 귀결되는 사례가 많다. 갑작스러운 사고로 사업이 위기에 몰렸을 때 지원의 손길을 내민 협력업체는 나중에 그 업체 덕을 보게 될 가능성이 높다.

　작은 도움이 훗날 자신의 목숨을 살릴 수도 있다는 내용의 우화는 많다. 중세 유럽 설교 예화집에 나오는, 사자를 구해준 덕분에 목숨을 건지는 기사 이야기도 그중 하나다.

✎＿＿사냥을 좋아하던 한 기사가 숲에서 다리를 절뚝거리는 사자를 만났다. 기사는 사자의 발에 박힌 가시를 뽑아주고 상처에 약을 발라줬다. 얼마 후 사자는 왕에게 잡혀 구덩이에 갇혔다. 그 구덩이에는 죄인들이 던져졌다. 한편 기사는 왕을 화나게 만들어 숲으로 도망쳤고, 그곳에서 여행자들의 물건을 빼앗거나 인근 마을을 약탈했다. 기사를 잡아들인 왕은 맹수에게 잡아먹히도록 하라는 벌을 내렸다. 기사는 사자가 있는 구덩이에 갇혀 공포에 떨었다. 구덩이에 살던 사자는 기사를 자세히 살펴보더니 그를 잡아먹지 않고 함께 굶었다.

이 사실을 전해 들은 왕은 도대체 어떤 연유인가 궁금해 기사를 불러오도록 했다. 기사는 왕 앞에서 말했다.

"예전에 숲에서 사자를 만났습니다. 발을 절뚝거려 봤더니 가시가 박혀 있었지요. 사자가 불쌍해 가시를 뽑아주고 약도 발라줬습니다."

이 말을 듣고 왕이 명령했다.

"사자가 너를 구해줬으니 너를 용서해주겠다. 앞으로 죄를 짓지 말고 올바르게 살아라."

유사한 주제의 이야기는 이솝우화에도 있다. '사자와 생쥐'는 두 동물이 서로를 살려줬다는 이야기다.

✎＿＿어느 날 생쥐 한 마리가 길에서 한눈을 팔다가 그만 잠을 자고 있던 사자를 건드렸다. 잠에서 깬 사자는 화가 나서 생쥐를 잡아먹으려고 했지만

생쥐는 제발 한 번만 살려달라고 애원했다. 사자는 생쥐 한 마리로는 배가 부를 것도 아니었기 때문에 생쥐를 놓아줬다. 그러자 생쥐가 말했다.

"살려줘서 정말 고맙습니다. 이 은혜는 꼭 갚을게요."

사자가 이 말을 비웃으며 대답했다.

"동물의 왕인 내가 너같이 조그만 놈의 도움을 받을 날이 오겠느냐?"

시간이 흘러 사자는 길을 가다가 사람들이 쳐놓은 그물에 걸리고 말았다. 그곳에서 벗어나려고 안간힘을 썼지만 그물은 몸을 더 조여왔다. 절망에 빠진 사자는 살려달라고 소리쳤다. 바로 이때 생쥐가 나타났다.

"제가 사자님을 구해드릴게요."

생쥐는 날카로운 이빨로 그물망을 잘라냈다. 얼마 후 그물에 큰 구멍이 뚫리고 사자는 그곳에서 빠져나올 수 있었다.

비즈니스를 하다 보면 무엇인가 절실하게 필요할 때도, 큰 위험에 빠질 때도 있다. 그렇기 때문에 사소한 관계도 소중히 여겨야 한다. 인연을 맺은 사람이나 거래처에 대해 도울 것이 있으면 돕고, 지원할 일이 있으면 지원하는 것이 좋다. 결국 베풂은 남을 위한 것이 아니다. 언젠가는 내게 돌아와 나를 살리는 힘이 되기 때문이다. 내가 구덩이에서 빠져나올 수 있도록 도와주고, 얽히고설킨 그물에서 벗어나게 해준다는 의미다. 인연을 중요하게 생각하는 사업가일수록 성공할 확률이 높은 것도 이런 세상의 원리 때문이 아닐까.

베풂은 남을 위한 것이 아니다.

언젠가는 내게 돌아와

나를 살리는 힘이 되기 때문이다.

30

까칠한 참모의
순기능

전시산업과 교육콘텐츠 전문기업인 시공테크 박기석 회장이 '미스터 반대'라 별명 붙인 직원에 대해 얘기한 적이 있다. 그는 박 회장이 하고자 하는 일에 사사건건 토를 다는 사람으로 찍혔다. 지나치다 싶을 정도로 심하게 이의를 제기할 때도 있다. 그럴 때 박 회장은 "알았으니 나가봐"라며 호통을 치기도 한다.

"그렇게 괴롭히면 해고해버리면 그만 아닌가요?"

이렇게 묻자 박 회장은 손사래를 쳤다.

"그렇지 않아요. 모든 사안에 대해 반대 의견을 내놓지만 잘 살펴보면 이유가 있어요. 당장은 듣기 싫으니 더 이상 거론하지 말라고 한 사안 중에 곰곰이 생각해보면 그 직원 말이 옳을 때가 있지요. 그럴 경우 나중에 불러 알았으니 당신이 생각한 대로 하라고 꼬리를 내리지요. 그 사람이 이의를 제기하지 않았으면 실수할 수 있었던 것을 그렇게 미리 대비하게 되죠. 회사가 잘되려면 '미스터 반대' 같은 사람도 필요한 겁니다."

박 회장은 오랜 기간 사업을 해온 노련한 기업가다. 1988년 시공테크를 설립해 전시 비즈니스를 시작했다. 다행히 서울올림픽 특수로 기업을 안착시킬 수 있었지만 상당 기간 적자 때문에 힘든 시기를 보냈다. 그럼에도 그는 새로운 것에 도전했고, 나름대로 성과를 올렸다. 악전고투 끝에 사업을 본궤도에 올려놓은 후에는 콘텐츠 투자에 나섰다. 이때도 많은 자금이 투입됐고, 적지 않은 고생을 했다.

이렇듯 그는 산전수전 다 겪으며 성공한 CEO다. 박 회장처럼 자수성가한 기업가들은 자기 확신이 강하다. 그러다 보니 '미스터 반대' 같은 임직원을 절대 용인하지 못한다. 자신의 결정에 이의를 제기하거나 토를 사람은 제거된다. 결국 주변에는 '예스맨'이나 듣기 좋은 말만 하는 '아부꾼'만 모여든다. 자기 입맛에 맞는 사람만 고용하다 보니 사업이 잘못된 방향으로 가는데도 궤도를 수정할 기회를 놓치기 십상이다. 이런 점에서 '미스터 반대'를 내심 껄끄러워하면서도 그를 향해 귀를 열어놓은 박 회장은 예외적인 경영자다. 반대 의견을 들을 때는 기분 나쁘겠지만 그로 인해 얻을 수 있는 장점은 굉장히 많다. 작게는 시행착오 비용을 줄일 수 있고 크게는 회사가 망하는 것을 막을 수 있다.

이와 관련해 소개할 이야기는 공자의 제자인 복부제가 남긴 저서 《복자》에 나온다. '양교와 방어'라는 우화는 까칠하지만 충심있는 사람과 그럴듯한 말로 귀를 즐겁게 하는 사람을 구별하는 방법을 알려준다.

✎ ___ 한 관리가 부임지로 가는 도중에 범상치 않은 노인을 만났다. 노인은 한가롭게 낚시를 하고 있었다. 그가 좋은 관리가 되고자 하는 마음으로 노인에게 물었다.

"무엇이라도 좋으니 인생의 가르침을 주십시오."

노인은 대답했다.

"소인은 천하고 생각이 얕아 백성을 다스리는 방법 같은 것은 잘 모릅니다. 다만 고기를 낚을 때 중요한 두 가지 사실을 알고는 있지요."

"두 가지 사실이란 무엇입니까?"

노인은 침착한 음성으로 관리에게 말했다.

"강에 낚싯대를 내리면 즉시 낚싯줄을 건드리며 미끼를 물고 분주하게 움직이는 물고기가 있습니다. 그놈은 양교라고 하는데 고기도 얄팍하고 맛이 없습니다. 반면에 있는 듯 없는 듯, 미끼를 먹는 둥 마는 둥 하는 고기가 있지요. 방어라는 놈인데 고기도 두텁고 맛이 좋습니다."

"정말 훌륭한 말씀이십니다."

관리는 노인의 말에 감탄했고, 거듭 음미하며 길을 떠났다. 그는 부임지에 이르기도 전에 그를 환대하는 사람을 만났다. 마중 나온 사람은 한껏 멋진 옷을 입고 달콤한 말을 쏟아냈다. 관리는 얼굴색이 변하여 시종에게 말했다.

"수레를 빨리 몰아라, 빨리 몰아. 낚시꾼이 말한 그 양고라는 놈이 왔구나!"

당 태종 이세민이 신흥 국가를 반석 위에 올려놓는 데 큰 공을 세운 사람 중에 위징이라는 신하가 있다. 그는 태종의 형이자 정적이었던 이건성의 측근이었다. 그러나 태종은 학식이 풍부하고 바른 말만 하는 위징의 인격에 끌려 그를 요직에 중용했다. 위징은 황제가 잘못했을 때 지적하는 간의대부諫議大夫로 있을 때 많은 일화를 남겼다. 그중 가장 잘 알려진 한 가지를 소개하면 다음과 같다.

오랑캐의 침략에 골머리를 앓던 태종은 더 많은 장병을 모집하기 위해 징집 병사들의 나이를 낮추라고 명령했다. 몸이 다 크지 않은 어린아이까지 병사로 뽑으려 했던 것이다. 이에 위징은 이렇게 따졌다.
"연못의 물을 다 없애면 한꺼번에 많은 물고기를 잡을 수 있지만 나중에는 잡을 물고기가 없어지게 됩니다."
위징의 강한 반대에 태종도 어쩔 수 없이 결정을 철회했다. 이런 일이 반복되다 보니 태종은 나중엔 위징의 눈치를 보느라 사냥도 마음 편하게 나가지 못했다고 한다.

까칠한 참모를 곁에 둘 수만 있다면 당 태종이 '정관의 치貞觀之治'라는 태평성대 시대를 열었듯이 CEO도 훌륭한 기업을 키울 수 있다.

결단과 용기로
실행하라

01

'연봉 1달러 클럽'의 약속

마크 저커버그 페이스북 CEO가 2015년 6월, 페이스북 친구들과 흥미로운 행사를 진행했다. 저커버그가 연봉을 1달러만 받기로 한 이유를 설명하는 자리였다. 당시 그의 답변은 대략 이랬다.

"저는 충분한 돈을 벌었습니다. 앞으로는 제가 가진 것으로 좋은 일을 하는 데 집중하려 합니다. 페이스북을 통해 사람들이 세상과 연결되고 소통할 수 있도록 도움을 주고 싶습니다. 저는 페이스북과 별개로 교육과 의료 자선 사업에 관심을 기울이고 있습니다. 너무나 많은 사람이 안타깝게 죽어가며, 천부의 권리를 제대로 누리지 못한 채 살고 있습니다. 세상에는 개선해야 할 것들이 아주 많고, 저는 운 좋게도 그중의 일부에 기여할 수 있는 능력이 있습니다."

그가 연봉 1달러를 받겠다고 선언한 것은 2013년이었다. 사실 미국 산업계에서 CEO가 연봉으로 1달러를 받는 것은 오랜 역사를 갖고 있다. 1978년 파산 위기에 처한 크라이슬러의 CEO로 영입됐던 리 아이어 코카가 '연봉 1달러 클럽'의 시조로 전해진다. 그는 크라이슬러의 유동성 위기를 넘기고 수익성을 높이면서 유명세를 탔다. 크라이슬러를 다시 반석 위에 올려놓은 뒤 거액의 연봉을 받았던 사실이 밝혀지기도 했지만, 그가 선언한 '연봉 1달러'는 CEO들에게 '노블레스 오블리주'의 상징이 됐다. 뒤이어 애플의 스티브 잡스, 테슬라의 엘론 머스크, 구글의 공동창업자 래리 페이지와 에릭 슈미트 등 수많은 기업가들이 연봉 1달러 클럽에 가입했다.

물론 이들에게 연봉은 큰 의미 없는 수입원이다. 그들은 자신이 설립한 회사 지분의 극히 일부만 갖고도 넉넉한 생활을 할 수 있는 수십조 원의 주식 부자이기 때문이다. 하지만 모든 창업자가 연봉 1달러 클럽에 가입하는 것은 아니기 때문에 이들의 결단력은 높이 평가할 만하다.

저커버그는 페이스북 친구들 앞에서 밝힌 다짐을 6개월도 안 돼 실천에 옮겼다. 페이스북 주식의 99% 기부를 약속한 것이다. 이는 이제 막 태어난 딸에게 쓴 편지를 페이스북에 공개하면서 알려졌다. 당시 그가 보유한 페이스북 주식의 가치는 한국 돈으로 50조 원이 넘었다. 법인을 세워 사회 환원 활동을 벌이겠다는 기부 방식에 과연 진정성이 있는 것인지 논란이 일었지만 기부 방식에도 혁신을 실험한다는 측면에서는 좀 더 두고 볼 일이다. 그의 말대로라면 교육과 질병 분야에 기부금을 쓸 가능성이 높다.

이처럼 기업 CEO나 사회지도층의 말과 약속은 사회적으로 큰 관심과 파장을 불러온다. 천금 같은 중요성을 가진다는 의미다. 그렇기 때문에 약속을 함부로 해서는 안 되고, 일단 자신의 입에서 나온 말에 대해서는 어떤 식으로든 책임을 져야 한다. 그것을 잘 보여주는 이야기가 있다. 중국 전국시대 왕과 재상들의 처세와 전략을 담은《전국책》속 위 문후의 일화다. 전국시대는 기원전 400년대부터 기원전 221년까지로 조, 한, 위, 연, 제, 초, 진 등 7개 강국이 쟁투를 벌이는 시기를 말한다. 위 문후는 전국시대 초기 인재 등용과 법체계 정비로 부강한 국가를 만든 명군이다.

어느 날 위 문후는 신하들을 불러놓고 술을 마시며 환담을 나누고 있었다. 비까지 내려 더욱 무르익은 분위기 속에 즐거운 주연이 열리고 있는데 문후가 갑자기 자리에서 일어나 신하들에게 말했다.

"내가 오늘 사냥 약속을 깜빡 잊었소. 담당자와 만나기로 했으니 사냥터로 가야 하오."

이 말에 신하들이 물었다.

"하급 관리와 한 약속은 굳이 지키지 않아도 되니, 사람을 보내 가지 못한다고 하면 될 것 아닙니까? 더욱이 지금은 이렇게 비까지 오고 있지 않습니까?"

이에 문후가 대답했다.

"과인은 그 관리와 이미 오래전에 약속했소. 아무리 먹고 마시는 일이 좋다고 해도 약속을 어길 수는 없는 노릇이오. 비가 와서 사냥은 못하겠지만 그를 만나는 봐야 합니다."

위 문후의 말을 들은 사람들은 "직급이 낮은 관리와도 이렇듯 약속을 어김없이 지키니 주군이 하는 말은 천금과도 같을 것이다"라며 모두 감탄했다.

말의 중요성과 관련해 맹자 어머니가 보여준 일화도 마음속에 새겨둘 만하다. 대만의 철학자 푸페이룽은 맹자에 대해 강의하며 《한시외전》에 나와 있는 이 이야기를 소개했다.

✎___맹자가 시장 근처에서 살 때였다. 어느 날 이웃 사람들이 돼지를 잡고 있었는데, 돼지 울음소리가 얼마나 컸던지 어린 맹자의 눈길을 사로잡았다. 맹자는 어머니에게 물었다.

"저 사람들은 돼지를 왜 죽이나요?"

어머니는 아무 생각 없이 웃으며 대답했다.

"네게 맛있는 돼지고기를 주려나 보다."

맛있는 고기를 먹겠다며 좋아하는 맹자의 모습을 본 어머니는 곧 후회했다. 그녀는 '맹모삼천지교'의 주인공이 될 만큼, 평소 자식의 교육에 각별한 관심을 쏟았던 사람이었다. 언제나 맹자에게 성실과 신의를 지켜야 한다고 강조했는데, 그냥 입에서 나오는 대로 던진 농담 때문에 스스로 거짓말을 한 셈이 되어버린 것이다. 어머니는 자신의 말에 대한 아이의 믿음을 지키기 위해 가난한 살림이었지만 돼지고기 한 덩어리를 사서 요리해줬다. 비록 농담으로 한 말이라도 꼭 지켜야 한다는 가르침을 실천한 셈이다.

CEO는 어떤 상황에서도 허투루 말해서는 안 된다. 임직원이나 고객, 거래업체들과 약속할 때는 더더욱 그렇다. 이랬다저랬다 하는 말이나 약속은 자신의 인격뿐 아니라 회사에도 큰 타격을 입힌다. 저커버그는 50조 원의 기부를 약속했다. 무슨 일이 있어도 그가 이 말에 책임을 질 것이라 기대한다. 이 말을 지키지 않는 순간 그는 촉망받는 젊은 기업가에서 평범한 경영자로 전락할 것이다. 이와 더불어 페이스북의 기업가치도 추락할 가능성이 높다. 그렇기 때문에 CEO의 말과 약속은 천금과도 같은 것이다.

02

욕심 많은 개는
뼈다귀를 잃는다

　김준기 동부그룹 회장은 강한 열정을 가진 기업 총수로 알려져 있다. 밤낮을 가리지 않고 일에 몰두하며 목표를 정하면 저돌적으로 밀고 나가는 성격의 소유자다. 동부그룹 임원들은 이구동성으로 그의 추진력을 높게 평가한다. 기업을 키우고 확장해나가는 그의 탁월한 경영 능력은 20대 중반인 1969년 자본금 2,500만 원으로 미륭건설동부건설을 설립한 뒤 재계 순위 20위권 안으로 진입한 2013년 절정에 오를 때까지 40년 넘게 이어졌다.

　이런 삶은 그의 이력에 그대로 나타난다. 미륭건설로 자금을 마련한 그는 1971년 동부고속을 세워 운송 분야에 진출하고 이듬해 동부상호신

용금고로 금융업까지 넘본다. 1983년 한국자동차보험^{동부화재}을 인수해 금융이 동부그룹의 한 축이 될 수 있도록 했으며 1997년에는 제조업인 동부전자^{동부하이텍}를 설립했다. 동부하이텍은 2001년 아남반도체를 인수 합병하며, 김 회장이 반도체 사업의 꿈을 키우는 데 큰 역할을 했다.

그는 외환위기 이후에도 돈 될 만한 기업을 인수하며 만성 자금난에 시달렸지만 확장 본능을 멈추지 않았다. 2000년대 이후 설립된 동부제 철과 동부대우전자 등 주요 계열사들 상당수가 기존 기업을 인수해 출 범한 곳이다. 시장 상황이 좋고 운이 따랐다면 동부그룹은 재계 10위권 진입도 가능했을 것이다. 하지만 현실은 그렇지 못했다. 자금 사정이나 실력을 충분히 고려하지 않은 사업 확장은 결국 과욕임이 증명됐다.

그룹을 사지로 몰아넣은 동부하이텍이 대표적이다. 반도체산업은 삼 성전자나 하이닉스가 보여주고 있는 것처럼 한번 기반을 닦아놓으면 꾸 준히 덩치를 키울 수 있는 분야다. 이 때문에 그는 누적되는 적자에도 불구하고 동부하이텍을 지키려고 혼신의 힘을 기울였다. 그러나 동부하 이텍은 설립된 이후 끊임없이 외형을 확장해나갔지만 경영 성적표는 말 이 아니었다. 계열사 자금 수조 원에 김 회장 개인 돈 수천억 원을 투입 했음에도 그에 상응하는 이익을 내지 못했다. 마침내 김 회장은 동부하 이텍을 포기하겠다는 결단을 내렸지만, 그룹은 이미 유동성 위기에 몰 려 적지 않은 계열사를 팔아야 하는 상황에 놓여 있었다.

2013년, 그는 채권 금융기관에 구조조정 권한을 넘겼고 2년 넘게 고 통스러운 계열사 매각 작업을 지켜봐야 했다. 동부그룹은 2016년 알짜

기업 가운데 하나인 동부팜한농을 LG화학에 매각했다. 이로써 구조조정은 마무리 국면에 접어들었고, 동부제철을 비롯한 일부 핵심 계열사도 매각을 진행하고 있다. 동부그룹은 사실상 동부화재를 중심으로 하는 금융 분야에서만 수익을 내는 곳으로 축소될 가능성이 높아졌다. 전자와 건설, 농업, 금융 등 선단식 대그룹을 꿈꿨던 김 회장의 야망은 물거품이 되고 말았다.

욕심이 지나치면 아무것도 얻지 못한다는 교훈이 담긴 우화는 매우 많다. 가장 잘 알려진 것은 아마 이솝우화 '욕심 많은 개'가 아닐까.

🖊___욕심 많은 개가 입에 뼈다귀를 물고 강물 위를 건너고 있었다. 우연히 강물에 비친 자신의 모습을 본 욕심 많은 개는 다른 개가 고기를 물고 있다고 착각했다.
"야! 너 당장 그 고기 내놔!"
남의 먹이를 뺏고 싶어 짖었던 개는 갖고 있는 뼈다귀마저 잃고 말았다.

비슷한 주제지만 과욕의 덫에 쉽게 빠지는 인간의 속성을 좀 더 입체적으로 그린 우화가 있다. 탈무드에 나오는 '욕심의 끝'이라는 이야기다.

🖊___엄청난 토지를 소유한 부자가 있었다. 부자 주인을 부러워하던 하인은 어느 날 주인에게 물었다.
"어떻게 하면 땅을 조금이나마 가질 수 있을까요?"

"내가 방법을 알려주마."

얼마 후 부자는 하인을 불렀다.

"오늘 너에게 내 땅을 나누어주겠다. 내일 해가 뜨면 걷기 시작해 해가 지기 전까지 돌아와라. 걸어갔다 온 만큼의 땅을 모두 주겠다. 다만 해가 지기 전까지 꼭 돌아와야 한다. 그렇지 않으면 내 약속은 없었던 일로 하겠다."

하인은 기뻐하며 집으로 돌아갔다. 땅을 갖게 된다는 기쁨에 한숨도 못 잔 하인은 다음 날 해가 뜨자 들판으로 나가 걷기 시작했다. 땅을 조금이라도 더 차지하기 위해 빠른 걸음으로 걸었지만 주인의 땅은 얼마나 넓은지 아무리 걸어도 끝이 보이지 않았다. 한참을 걷다가 해가 지고 있는 것을 알아차린 하인은 땅을 얻어야 한다는 일념으로 전력을 다해 주인이 기다리는 집까지 달리기 시작했다.

"다시는 이런 기회가 없을 거야. 해가 지기 전에 도착해야 돼."

해가 거의 지려고 하는 순간, 하인은 드디어 출발한 곳으로 다시 돌아왔지만 너무 빨리 달려온 나머지 도착하자마자 정신을 잃고 말았다. 쓰러진 하인은 그 후로 일어나지 못했다. 죽은 하인을 땅에 묻어주며 주인은 말했다.

"누구나 죽을 때는 자기 몸이 묻힐 정도의 땅만 가질 수 있다는 사실을 왜 몰랐을까?"

기업이 생존하려면 성장해야 한다. 이익률도 높여야 하지만 외형을 키우는 일도 매우 중요하다. 60~70년 전 경제개발 시기에 규모가 비슷했던 대기업 중 어떤 곳은 10대 그룹으로 성장한 반면 일부는 명맥만 이어갈 뿐 재계 30위 밖에서 맴도는 회사도 있다. 물론 한 우물을 깊게 파 글로벌 시장에서 전문기업으로 입지를 다진 곳도 없지 않다. 이런 기업은 외형만 작았지 내실이 튼튼하기 때문에 여러 계열사를 거느렸을 뿐 수익 구조가 나쁜 대그룹보다 생존 가능성이 훨씬 높다. 하지만 이런 기업조차도 오랜 기간 생존할 수 있었던 것은 조금이라도 성장했기 때문이다. 발전하지 않고 살아남을 수 있는 기업은 거의 없다.

그렇다 하더라도 너무 짧은 기간 안에 큰 욕심을 부리면 탈이 나기 마련이다. 사업에 과욕은 금물이다. 지나치게 신중한 것도 문제지만 앞뒤 가리지 않은 질주를 할 때도 최소한 한 번은 자충수를 두게 된다. 잘나갈 때는 실패를 생각하고, 어려운 시기에는 더 큰 희망을 갖는 역발상이 사업을 성공으로 이끄는 길이다.

사업에 과욕은 금물이다.
지나치게 신중한 것도 문제지만 앞뒤 가리지 않은 질주를 할 때도
최소한 한 번은 자충수를 두게 된다.
잘나갈 때는 실패를 생각하고,
어려운 시기에는 더 큰 희망을 갖는 역발상이
사업을 성공으로 이끄는 길이다.

03 👤

제 몫 챙기기에
급급하다가는?

경영 환경이 악화되고 있는 상황에서 대주주들이 더 많은 것을 차지하겠다고 서로 싸우는 바람에 더 힘들어진 기업이 적지 않다. 금호그룹도 여기에 속한다. 2008년 글로벌 금융위기 전후로 벌어진 두 형제의 양보 없는 싸움은 상처뿐인 영광으로 끝나고 말았다.

공정거래위원회가 발표한 '대기업집단 소속회사 변동 현황'에 따르면 그룹에서 금호석유화학 등 여덟 개 계열사가 제외됨으로써 금호아시아나그룹은 완전히 쪼개졌다. 이에 앞서 박삼구 금호아시아나그룹 회장이 같은 내용으로 소송을 제기했을 때, 서울고등법원 역시 똑같은 판결을 내린 바 있다.

두 사람의 싸움은 2002년 박삼구 회장이 그룹의 사령탑으로 올라가면서 시작됐다. 동생인 박찬구 회장은 겉으로 드러내지 않았을 뿐 자신의 영향력을 넓히려는 욕심을 갖고 있었다. 그로부터 3년 후 첫째 형인 박성용 금호아시아나그룹 명예회장이 운명을 달리하며 경영은 이상 징후를 보였다. 일단 두 사람은 철학이나 성격이 전혀 달랐다. 그들은 대우건설 인수에 이견을 보였고, 대한통운 매수 때도 정면으로 부딪쳤다. 박삼구 회장은 인수에 적극적인 반면 박찬구 회장은 그 반대였다.

박찬구 회장은 결국 금호석화를 인수에 참여시키지 않아 박삼구 회장을 힘들게 했다. 이듬해 그는 금호산업 주식을 팔고 금호석화 주식을 사들였다. 계열분리 작업을 통해 형과 더 이상 공동경영을 할 수 없다는 의사를 표현한 셈이었다. 이에 박삼구 회장은 박찬구 회장을 해임했다. 형제가 이렇게 티격태격 싸우는 사이 그룹은 침몰하고 있었다. 글로벌 금융위기로 경영 환경이 어려워진 데다 부채비율이 높아지면서 금호아시아나그룹은 산업은행과 재무 구조 개선 약정을 체결해야 했고, 주요 계열사의 지분은 채권단 손에 넘어가게 됐다. 박삼구 회장은 천신만고 끝에 그룹 재건에 성공했지만, 금호석화가 떨어져나갔기 때문에 온전한 복원은 불가능했다.

박찬구 회장은 계열분리 작업을 하며 형과 법정다툼을 벌였다. 그는 비자금 조성 혐의로 유죄 판결을 받았는데 제보자로 형을 의심했다. 또한 두 사람은 '금호'라는 상표권을 두고 소송전을 벌였으며 상대편이 주요 계열사 업무에 관여하지 못하게 해달라는 직무집행정지가처분 신청을 내기도 했다. 일진일퇴의 공방을 벌였을 뿐 어느 누구도 완승을 거두지 못했다. 서로 많이 차지하겠다고 싸우고 있는 사이 더 중요하게 생각해야 할 금호그룹 재건은 뒷전으로 밀리고 만 것이다.

크르일로프의 우화 '분배'는 당장 처리해야 할 일을 놔두고 이익 때문에 다투는 모습을 그리며, 분배보다 분배할 재산을 지키는 게 더 중요하다는 메시지를 전한다. 분열과 갈등으로 많은 사회적 비용을 부담하고 있는 지금 시기에 큰 시사점을 주는 내용이다.

✎ 사무실을 공동으로 사용하는 상인들이 서로 합심해 많은 돈을 벌었다. 그들은 장사가 끝난 후 이익을 나누기로 했다. 분배에는 언제나 다툼이 따르기 마련이었고, 상인들은 '누가 더 많이 가져야 하는가'라는 문제로 말다툼을 시작했다. 처음에는 쉽게 합의할 수 있을 듯 보였지만 다들 조금 더 챙기려고 욕심을 부렸기 때문에 협상 시간은 점점 길어졌다. 바로 그때 아우성 소리가 들렸다.

"불이야, 불! 당신들 집에 불이 났어요! 빨리 가서 불을 꺼야 합니다. 물건이며 집이며 모두 불타고 있어요. 지금 서두르지 않으면 전부 잃고 말 겁니다!"

불이 났다는 소리를 듣자 상인 중 한 사람이 큰 소리로 말했다.

"자, 빨리 갑시다. 이익을 나누는 일은 나중에 처리하기로 하고!"

그러자 다른 사람이 짜증 섞인 목소리로 대답했다.

"우선 나한테 1,000루블을 더 주시오. 그렇지 않으면 나는 여기서 움직이지 않을 거요."

그러자 또 한 사람이 외쳤다.

"나는 아직 2,000루블을 못 받았소. 여기 문서에 분명히 적혀 있지 않소."

"도대체 문서에 그렇게 적혀 있는 이유가 뭐죠? 나는 그 내용에 찬성
할 수 없소."

그들은 집이 불타고 있다는 사실도 잊고 다시 이익 분배에 정신을 팔기 시
작했다. 서로 악을 쓰며 야단법석을 떠는 동안 그들의 집과 재산은 불길
에 휩싸여 몽땅 타버리고 말았다.

조금도 손해 볼 수 없다는 욕심이 이성을 누르면 우화 속 상인들처럼
우매함에 빠질 수 있다. 상인들과 같은 상황에 처한다면 당신은 과연 불
을 끄기 위해 집으로 달려갈 수 있을까? 자리를 뜨면 불이익이 생길 것
이라는 생각에 머뭇거리지 않을까? 금액이나 혜택이 클 때는 움직이기
가 더욱 쉽지 않다. 바로 그 순간 우리는 소탐대실의 함정에 빠진다. 집
이 불타 모든 것을 잃을 수 있는데도 눈앞에 있는 당장의 이익을 포기하
지 못해 잘못된 판단을 내리는 것이다.

일에는 순서가 있다. 계획에 따라 차근차근 진행해야 할 때가 대부분
이지만 비상시에는 가장 중요한 것을 먼저 선택하고 집중해야 한다. 하
던 일을 중단할 때 발생하는 손해에 얽매이면 안 된다. 주식 투자에서
손절매하는 심정으로 포기할 것은 포기하고 절대 놓치지 말아야 할 일
부터 해야 한다. 불이 났으면 불부터 꺼야지, 제쳐놓고 다른 일을 한다

면 기업 자체가 어려워질 수도 있다.

오랜 기간 지속된 경기 침체와 글로벌 수요 감소로 인한 원자재 가격 급락, 국제 정세 불안 등으로 많은 회사가 불구덩이 속에 들어가 있다. CEO들은 과감한 구조조정 등으로 우선 불 끄는 일에 총력을 기울여야 한다. 다른 업무로 한가하게 시간을 보낼 때가 아니다.

학자를 이기는
'기업 농부'

'주식 농부'라는 별명을 갖고 있는 사람이 있다. 박영옥 스마트인컴 대표다. 주식 투자를 해본 사람이라면 대부분 알고 있는 이름이다.

"농부가 곡식을 수확할 때처럼 좋은 기업을 골라 오랫동안 정성껏 투자해야 성공한다."

박 대표가 입에 달고 사는 이 말에는 그의 투자 비법이 농축돼 있다고 해도 과언이 아니다. 그는 삼성전자와 현대차처럼 '이미 자란' 종목에는 별 관심이 없다. 그보단 큰 나무로 자랄 '씨앗'에 더 공을 들인다. 그가 투자한 회사를 보면 대체로 '싹수'가 보이는 곳이 많다. 물론 잘 자라날 것 같다가 꽃을 피우지 못하고 시들어버린 곳도 적지 않다. 그러나 확률로 보면 결실을 맺은 곳이 더 많다. 그 결과 1억 원도 안 되는 돈으로 수천억 원의 평가 차익을 낸 주식 부자가 됐다.

그는 오랜 투자 경험을 통해 어떤 곳이 큰 회사로 성장할지 판단한다. 나름대로의 과학적 분석을 기반으로 투자 종목을 결정하지만, 최종적인 결정을 할 때는 축적된 경험이 들려주는 음성에 귀를 기울인다. 농부가 농작물을 재배할 때, 관련 책이 아니라 쌓아온 경험을 활용하는 이치와 같다.

주식 투자는 간단한 것 같으면서도 세부적인 내용으로 들어갈수록 혼란스럽고 복잡하다. 예를 들어 '지배 구조와 자금흐름을 보면서 성장성과 업태를 참조해 투자해야 한다'는 이론에 반대할 사람은 없을 것이다. 그러나 어떤 종목이 여기 해당되는지에 대해서는 의견이 분분할 수밖에 없다. 기업을 평가하는 절대기준은 없기 때문이다. 바로 이 대목에서 농부와 같은 감이 필요하다.

박 대표의 장점이 바로 여기에 있다. 그는 투자할 만한 될성부른 종목을 '느낀다'. 이유를 말로 설명하는 것은 사실 투자를 합리화하는 절차일 뿐이다. 박 대표뿐 아니라 워런 버핏 같은 성공한 투자자 대부분이 남다른 촉을 갖고 있다.

주식 시장에는 이들과 대척점에 있는 유형의 전문가들이 있다. 애널리스트들이다. 그들은 시장 전체를 조망하거나 특정 업종을 분석한다. 재무 분석에 탁월한 실력을 갖춘 애널리스트는 특정 유망 종목을 세밀하게 분석해 투자를 권유하기도 한다. 아는 것으로만 따지면 이들은 거의 대부분의 투자에 성공해야 한다. 시장과 산업, 종목을 꿰뚫어 보고 있는데 투자에 실패한다는 것은 말이 안 된다. 그러나 현실에서는 바로 이렇게 말이 안 되는 일이 일어난다.

객관적인 통계치는 없지만 애널리스트들도 자신들이 투자한 종목들의 수익률이 그다지 높지 않다는 사실에 동의한다. 투자 역시 아는 것과 실적의 간극이 큰 것이다. 크르일로프의 '농부와 학자'라는 우화는 이런 진실을 전해준다.

✎___화창한 봄날, 농부는 튼튼한 몸과 생기 넘치는 얼굴로 밭에서 일하고 있었다. 농부의 옆집에는 채소 연구자로 이름이 널리 알려진 식물학자가 살았다. 그의 지식은 주로 책에서 얻은 것이라 때로는 현실적인 채소 재배 방법과 거리가 먼 것도 있었다. 어느 날, 학자는 오이를 심어 돈을 벌겠다는 생각으로 농부를 찾아가 물었다.

"여보게, 땀 흘려가며 애써 일하는 것도 좋지만 그렇게 해서 오이가 얼마나 열리겠는가? 여기 책에 쓰여 있는 대로 오이를 심고 가꾸면 생산량이 몇 배로 늘어날 텐데 왜 이렇게 하는 건가? 자네 방식대로 채소를 키워 먹고사는 게 신통하기만 하군."

이 말을 들은 농부가 대답했다.

"선생님, 저는 학교에 다니지 않아 학문은 잘 모릅니다. 그러나 타고난 부지런함과 어려서부터 배워온 경험으로 농사를 짓고 있답니다. 근면, 경험, 정성 이 세 가지를 금과옥조로 여기며 농사에 임하니 하느님이 언제나 제게 빵을 내려주시는 것 같아요."

이 말에 학자는 버럭 화를 내며 소리쳤다.

"무식한 인간아, 그 알량한 재주로 감히 학문을 무시하고 도전하려는 것이냐?"

"그렇다면 선생님이 하라고 하는 방식에 따르겠습니다."

"좋아, 여름이 오면 그것이 얼마나 큰 차이인지 알게 될 거야."

"그런데 선생님, 어쨌든 지금은 당장 오이씨를 뿌려야 하는 계절입니다. 선생님은 어떨지 모르겠지만 저는 별로 시간이 없어요. 선생님은 아직 밭도 갈지 않으셨지요?"

"괜찮아. 나는 밭을 가는 데 어떤 농기구가 효율적이고, 오이를 좀 더 많이 수확하려면 어떻게 해야 하는지를 다 알고 있으니까. 시간은 아직 많이 남아 있어."

농부는 괭이를 들고 하던 일을 계속했다. 학자는 집으로 돌아가서 책에 쓰여 있는 방법대로 열심히 밭을 일구고, 정성스럽게 오이씨를 뿌렸다. 학자는 한 가지 작업을 끝내면 다시 책을 들여다본 후 중요한 것을 적어 넣었다.

오이가 어느 정도 자랄 때마다 학자는 새로운 사실을 발견했다. 그는 오이 재배에 관한 모든 것을 새로운 방식으로 실험해보기 위해 애써 심은 오이를 파냈다가 다시 심었다.

결과는 어떻게 됐을까? 농부의 밭에서는 오이가 잘 자라 많은 결실을 맺었지만 위대한 학자의 밭에서는 한 개의 오이도 달리지 않았다.

기업 경영도 농사와 유사한 면이 있다. 특히 CEO는 농부에게 배울 점이 많다. 회사 안에는 부문별로 전문가들이 있지만 신규 사업으로 어떤 것을 선택할지, 어느 분야에 자원을 집중할지는 단지 이론만으로 정확하게 판단하기 어렵다. 기업을 잘 경영하는 CEO들은 대부분 더 많은 경험을 쌓기 위해 다방면의 회의에 참석하고, 가능한 한 많은 국가와 도시를 여행한다. 그 과정에서 성공할 만한 사업 아이템이나 좋은 인재를 찾기도 한다. 그들에게는 이것이 씨를 뿌리고 곡식을 가꾸는 행위다. 이런 측면에서 CEO는 '기업 농부'라 할 수 있다.

05 👤

무리수의 부메랑

애경그룹은 2009년 12월, 9년 만에 면세점 사업을 접었다. 주력 점포였던 인천국제공항점의 임대료가 너무 높았기 때문이다. 인천국제공항점은 매출이 아무리 저조해도 공항공사에 1,000억 원가량의 임대료를 내야 하는데 그것이 쉽지 않았다. 지금처럼 중국인 관광객이 몰려와 면세품을 대량으로 사던 시절도 아니라 수익을 내기가 만만치 않았을 것이다. 2007년 면세 사업자를 다시 선정할 당시, 치열한 경쟁이 벌어지자 임대료를 높인 것이 애경그룹의 발등을 찍은 셈이었다.

사실 업계에는 오래전부터 과다한 임대료 때문에 면세점 사업자들이 수익을 낼 수 있을지 걱정하는 목소리가 많았다. 롯데나 신라 면세점같이 자본력과 규모가 있는 곳은 그럭저럭 견딜 수 있겠지만 후발주자였던 애경은 역부족일 것이라 평가했다. 애경그룹은 막판까지 고군분투했지만 면세점 사업 매출이 연 3,000억 원을 넘었음에도 불구하고 적자가 누적되자 손을 들 수밖에 없었다. 그리고 면세점 사업체인 AK글로벌의 지분 81%를 롯데그룹에 매각하면서 무리한 사업 추진의 결말이 무엇인지 보여줬다.

건설사와 조선업체의 저가 수주도 무리수의 부메랑을 맞은 대표적인 사례다. 건설사들은 2008년 금융위기 이후 국내 사업이 냉각되자 세계 시장에서 활로를 찾았다. 한동안 해외 수주가 급격히 늘어난 배경이다. 문제는 같은 사업을 두고 한국 기업들끼리 치열한 경쟁을 벌였다는 점이다. 이 과정에서 무슨 수를 써서라도 수주해야 한다는 분위기가 생겼고, 저가 수주가 급증하지 않을 수 없었다.

전형적인 사례 하나를 들어보자. 외국의 한 광산 기반 시설 건설공사를 놓고 한국 건설업체 두 곳이 경합을 벌이고 있는 상황이었다. 그때 또 다른 업체가 뒤늦게 뛰어들며 공사 금액을 무려 1조 원 가까이 후려쳤다. 수년 동안 수주를 위해 공을 들였던 두 업체는 닭 쫓던 개 지붕 쳐다보는 꼴이 되고 말았다. 당시 큰 사업을 따냈다며 환호하던 그 건설사는 수년이 지난 후 엄청난 손실을 입었다. 이렇게 저가 수주로 한국 건설업체들이 감당해야 할 손실은 10조~20조 원에 달할 것으로 추정된다.

조선업체들 역시 출구를 생각하지 않은 무리수로 고통받았다. 일반 선박 수주에서 중국에 밀린 한국 조선사들은 해양플랜트라는 신성장동력 사업에 총력을 기울였다. 수주할 당시에는 원유 가격이 높아 채산성 역시 충분할 것으로 예상됐다. 하지만 미국이 셰일가스 개발을 확대했고, 거기에 글로벌 수요 부족까지 겹치면서 원유 가격은 급락했다. 해양 플랜트를 서둘러 완공해야 할 이유도 덩달아 줄어들었다. 조선업체는 이런 상황까지 예상하고 해양플랜트 사업에 나서야 했다. 하지만 그동안 매출이 높은 수준을 유지했다는 사실과 영업이익을 달성해야 한다는 절박감에 꼭 필요한 검증을 소홀히 했다.

게다가 기술적 문제로 공사가 지연되는 상황까지 겹치면서 조선업체들이 부담해야 할 비용은 눈덩이처럼 불었다. 그럼에도 발주자는 공사 대금을 올려줄 여력도, 의지도 없었다. 해양플랜트에서 생산한 원유로는 수익을 낼 수 없었기 때문이다. 저가 수주에 매달렸던 한국 조선업체들에게는 재앙이었다. 현대중공업을 비롯한 대형 조선업체들은 각각 수조 원의 손실을 내며 뼈를 깎는 구조조정에 나서야 했다. 해양플랜트로 성장동력을 찾아 큰돈을 벌어보겠다는 과욕으로 인해 궁지에 몰리게 된 셈이다.

탈무드에는 '여우와 포도밭'이라는 우화가 있다. 인간이 욕심을 내봐야 빈손으로 왔다가 빈손으로 갈 수밖에 없다는 이야기다. 경영 측면에서는 무리수를 뒀다가는 결국 빈손이 되고 만다는 교훈을 준다.

✎＿＿어느 날, 배고픈 여우가 포도가 주렁주렁 열린 포도밭 옆을 지나게 됐다.

"이 안에 들어갈 수만 있다면 주린 배를 채울 수 있을 텐데…."

여우는 어떻게 해야 울타리가 높게 쳐진 포도밭에 들어갈 수 있을지 궁리했다. 그리고 울타리 사이의 틈을 찾았지만, 너무 좁아 홀쭉한 몸이 아니면 통과하기 힘들었다. 포도에 욕심이 난 여우는 사흘 동안 굶어, 울타리 틈을 비집고 포도밭에 들어가는 데 어렵게 성공했다.

배불리 포도를 먹은 여우는 울타리를 빠져나가려 했지만 몸이 뚱뚱해져 작은 틈을 통과할 수 없었다.

"배가 부르니 포도밭을 빠져나갈 수 없게 됐군."

여우는 다시 굶기 시작했다. 아무 것도 먹지 못해 점점 힘이 빠졌지만 자유를 얻으려면 계속 굶어야만 했다. 사흘 후, 여우는 포도밭에 들어왔을 때와 마찬가지로 배가 고픈 상태가 돼서야 작은 틈을 빠져나갈 수 있었다. 포도밭 밖으로 겨우 나온 여우는 한탄하며 말했다.

"결국 포도밭에 들어갈 때나 나올 때나 똑같이 배고픈 상태가 되고 말았구나."

여우의 궁극적 목적은 배를 채우는 것이지 포도밭에 들어가는 것은 아니었다. 그것은 통과의례 또는 수단에 불과했다. 그럼에도 여우는 포도밭 입성 자체를 목표로 삼아 전력을 기울였다. 그것이 여우가 실패한 이유다. 배부른 상태를 유지해야 한다는 목적의식을 갖고 있었더라면 사흘을 굶어 포도밭에 들어가는 방법을 택하지는 않았을 것이다. 포도밭 밖에 있는 포도가 진짜 자기 것이 될 수 있다는 진실도 쉽게 깨달았을 것이다.

　사업 목표와 절차를 꼼꼼하게 살피지 않고 여우처럼 당장의 욕망이나 욕심에 매몰되면 경영자로서 성공하기 힘들다. 그러나 눈에 보이는 이익을 외면하고 절차에 따라 차근차근 일을 추진하는 것이 생각처럼 쉽지는 않다. 면세점 사업에 뛰어들었던 애경그룹이나 저가 수주로 몸살을 앓았던 건설사, 조선업체의 역사가 비즈니스 세계에서 되풀이되는 현실이 그것을 말해준다.

06

늑대처럼 경영하라

한국이 서울올림픽 준비로 한창 들떠 있었던 1987년, 중국 남부 선전의 조그만 아파트에서 44세의 중년 남성이 다섯 명의 동료와 더불어 당시 한국 돈으로 자본금 40만 원이 채 안 되는 회사를 차렸다. 외국에서 통신장비를 수입해 텔레콤기업 등에 판매하는 유통업체였다. 설립을 주도한 사람은 인민해방군 출신으로, 30세가 넘은 나이에 군에 입대해 우연히 군사통신 프로젝트를 수행하게 되면서 통신업과 인연을 맺었다.

그는 가난한 교육자 집안에서 태어났다. 어려운 환경에서도 열심히 공부해 충칭대 공대에 입학해 자동제어와 컴퓨터 같은 신기술을 익혔을 뿐 아니라 독학으로 어학과 인문학까지 섭렵했다. 그러나 대학교 3학년 때 문화혁명이 일어나며 지식인이었던 부친이 반동분자로 몰렸고, 그의 인생도 나락으로 떨어질 뻔했다. 그는 어려운 상황에서도 학업에 정진해 지식을 쌓았고 주변의 도움을 받아 인민해방군에 들어갈 수 있었다. 군에서 열심히 복무한 덕에 1978년 공산당에 입당했고, 1982년 개최된 공산당 제12차 전국대표대회에 해방군 소속 당 대표로 참석하기도 했다. 그러나 그해 그가 속했던 부대가 해체되면서 전역할 수밖에 없었다. 그는 5년가량 민간기업에서 경험을 쌓은 뒤 사업에 뛰어들었고, 시장흐름을 잘 타면서 회사의 덩치를 조금씩 키웠다. 유사 업종의 400여 개 기업들이 명멸할 때 그의 회사는 꾸준히 성장했다.

1993년에는 프로그램 제어 전자교환기 개발에 성공해 제조업 기반을 다졌다. 기술에 대한 중요성을 알고 있었던 그는 연구개발에 대한 투자를 아끼지 않았다. 기지국과 라우터 같은 통신기기뿐 아니라 가전과 스마트폰, 태블릿PC로도 영역을 넓혔고, 중국을 넘어 동남아, 유럽, 미국까지 시장을 확대해나갔다. 매년 매출의 10%를 신기술 및 신제품 개발에 투입한 결과, 그의 회사는 글로벌 선발 기업들과 어깨를 나란히 하게 됐다. 현재 그가 세운 회사는 20만 명에 육박하는 임직원을 둔 다국적 기업 반열에 올랐으며 전 세계 통신 사업자들에게 제품과 솔루션을 제공하고 있다. '중국의 삼성'이라 불리는 화웨이를 만든 런 정페이 총재의 성공스토리다.

화웨이는 2015년 싱가포르에서 열린 '이노베이션 데이'에서 세계 주요 도시에 스마트시티를 건설하고 있으며, 스마트폰을 뛰어넘는 '슈퍼폰'을 개발 중이라고 밝혀 주목을 받았다. 슈퍼폰이란 사물인터넷과 3D 프린터, 차세대 통신 등 IT 신기술을 총동원해 편리성을 획기적으로 높인 제품이다. 지금은 아이디어 차원의 대략적인 개념만 나와 있지만 기술 발전 속도로 볼 때 상용화될 날이 의외로 빨리 올 수도 있다.

런 정페이의 화웨이가 이렇게 승승장구할 수 있는 저력은 어디에 있을까? 그는 오래전부터 임직원들에게 '민감한 후각, 불굴의 진취성, 팀플레이 정신'을 강조했다. 바로 늑대의 3대 특징이다. 글로벌 통신 시장에는 애플과 삼성전자, 에릭슨 등 기라성 같은 기업들이 포진해 있다. 이들과의 경쟁에서 살아남으려면 위기를 재빨리 인지하는 감각과 기회가 왔을 때 물불 가리지 않고 도전하는 용기, 목표 달성을 위한 조직원들의 팀플레이가 있어야 한다. 이것이 바로 런 정페이가 강조하는 '늑대경영'이다.

이솝우화에는 늑대가 등장하는 이야기가 많은데, 그중 늑대가 교묘한 수법으로 양들을 잡아먹는 데 성공하는 우화가 있다. '늑대와 양치기', '늑대와 양떼'가 그것이다. 두 이야기는 모두 목적을 이루기 위해 집요하게 행동하는 늑대의 속성을 잘 드러낸다. 먼저 '늑대와 양치기'의 줄거리다.

어떤 늑대가 한 양떼 무리를 조용히 따라다니기 시작했다. 처음에 양치기는 두려워하며 늑대를 계속 지켜봤다. 하지만 늑대가 양들에게 아무런 공격도 하지 않자 안심했고, 늑대를 적이 아닌 보호자로 생각했다.

어느 날 갑자기 마을로 내려가야 할 일이 생긴 양치기는 늑대가 양떼 곁에 있는 것을 보고도 그대로 떠나버렸다. 절호의 기회를 잡은 늑대는 양들에게 달려들었다. 뒤늦게 돌아온 양치기는 양들이 없어진 것을 보며 말했다. "난 이런 일을 당해도 싸. 어떻게 늑대를 믿고 그 손에 양을 맡겼단 말인가?"

다음으로 '늑대와 양떼'는 이런 내용이다.

✎ 배가 고픈 늑대들이 양떼에 접근하려고 했지만, 양떼를 지키는 개들 때문에 실패하고 말았다. 대장 늑대는 한 가지 묘안을 생각해냈다. 바로 말 잘하는 늑대를 보내서, 양들 사이를 이간질하는 것이었다.
"양들 사이에 자주 싸움이 나는 건 다 개 때문이야. 이제부터라도 개를 따르지 않는다면 분란도 사라질 거야."
이 말에 양들은 개의 도움을 받지 않기로 결정했다. 호시탐탐 기회를 노리고 있던 늑대는 더 이상 보호자가 없는 양들을 마구 잡아먹었다.

두 우화는 늑대를 다소 부정적으로 묘사했다. 하지만 한 가지 정해진 목표를 이루기 위해 오랫동안 참고 기다리며, 기회가 왔을 때를 놓치지 않는 늑대의 특성이 잘 드러나 있다. 치열한 경쟁에서 기업의 생존력을 키우고 더 나아가 큰 성과를 내려는 CEO는 우화 속 늑대 경영을 참고할 필요가 있다. 시시각각 변하는 시장을 제대로 파악해 유리한 쪽으로 회사를 이끄는 능력은 CEO의 필수 덕목이기 때문이다.

런 정페이 총재는 "지도자는 시장의 혼돈 속에서도 방향과 리듬을 정확하게 파악해, 기업이 성장할 수 있는 요소를 찾아내야 한다"고 설파했다. 그가 평소 생각하는 늑대 경영의 핵심을 한마디로 정리한 명언이다. 이 수준에 오르기 위해 CEO들은 매너리즘이나 권위에 빠지지 않도록 매일 자신을 돌아보며 반성해야 한다. 또한 경영 환경의 변화를 느끼고, 사업 기회를 포착하는 감각이 녹슬지 않도록 정진하는 것이 좋다. 이런 측면에서 뛰어난 CEO는 도를 닦는 수행자와 크게 다르지 않다.

지도자는

시장의 혼돈 속에서도

방향과 리듬을 정확하게 파악해,

기업이 성장할 수 있는 요소를

찾아내야 한다.

- 런 정페이 -

07

'로켓배송'의
진짜 라이벌

2010년 쿠팡을 창업한 김범석 대표는 온라인쇼핑 시장의 후발주자로 성공할 수 있는 길을 배송 서비스의 차별화에서 찾았다. 주문 후 24시간 안에 상품을 무료로 배달하는 서비스인 '로켓배송'이 그것이었다. 여기에 한 가지를 더 붙였다. 바로 친절함이다. 신속하게 상품을 배송하면서도 구매자가 감동할 수 있는 배려를 제공하는 게 로켓배송의 가치라고 그는 생각했다.

그러나 이 조건을 충족하려면 두 가지가 필요했다. 하나는 고객이 원하는 상품을 항상 구비하고 있는 것이었다. 그래야 주문 하루 만에 배송을 할 수 있다. 쿠팡은 곳곳에 물류센터를 세워 판매할 제품을 미리 확보해놓는 방법으로 이 문제를 해결했다. 두 번째는 친절한 서비스였다. 이 요건을 만족시키기 위해서는 로켓배송을 책임지는 '쿠팡맨'을 2017년까지 순차적으로 4만 명이나 뽑는다는 청사진을 그렸다.

계획은 좋지만 문제는 돈이었다. 물류센터를 짓는 것도, 배송인력을 대규모로 확보하는 일도 큰돈이 든다. 쿠팡 측은 손정의 회장의 소프트뱅크로부터 투자받은 1조 1,000억 원이 여기에 투입될 것이라고 말했다. 계획이 그대로 진행된다면 쿠팡의 질주는 걱정이 없을 듯 보인다.

그러나 쿠팡의 앞을 가로막는 훼방꾼이 있다. 바로 물류업계다. 이들은 쿠팡맨이 자가용으로 상품을 배송해서는 안 된다고 목소리를 높이고 있다. 화물자동차운수사업법을 위반한 것이라고 소송을 제기하기도 했다. 그들은 국토교통부를 비롯해 각 지방자치단체와 검찰, 법원까지 동원하며 쿠팡의 '뛰는 행동'을 막으려 하고 있다.

지금까지 이 시도는 성과를 보지 못했다. 쿠팡의 로켓배송이 기존 비즈니스 모델과는 다르기 때문이다. 일반 배송은 판매자와 구매자가 있고, 그 사이에서 상품을 전달하는 택배업체가 있다. 반면 쿠팡의 로켓배송은 굳이 비유하자면 슈퍼마켓 주인이 점포에 있는 물건을 구매자의 집으로 배달해주는 형식이다. 판매자가 직접 배송하는 셈이다. 물류업계의 논리를 따르면 슈퍼마켓 주인도 운수사업법을 지켜야 하는 셈이다.

로켓배송이 새로운 실험이라는 점에서도 지나친 규제보다는 일단 성공과 실패 여부에 관심을 두고 지켜보는 것이 바람직하다. 쿠팡의 신개념 서비스를 중단시킨다고 물류업계가 크게 이익을 보는 것도 아니기 때문에 더욱 그렇다. 사실 쿠팡의 비약적인 성장과 질주에 위협을 느껴야 하는 곳은 물류업계가 아니라 기존 온라인쇼핑몰들이다. 빠른 배송과 친절한 서비스로 차별화를 했다는 점에서 쿠팡의 실험과 대규모 투자는 고객을 지향하고 있다. 수요자의 선택을 받는 비즈니스 모델은 대부분 성공한다. 쿠팡이 성공한다면 온라인쇼핑업계에 지각변동이 일어날 가능성이 높다.

새로 부상하는 경쟁자를 없애기 위한 시도는 큰 실익이 없는 경우가 많다. 애플이 삼성전자를 대상으로 대규모 특허전쟁을 벌이며 스마트폰 시장을 양분한 것은 예외적인 일이다. 대부분의 경우, 소송에 휘말리면 관련 기업 모두가 어려워지기 마련이다. 효성그룹을 창업한 조홍제 회장은 자식들에게 소송하지 말라는 유훈을 남기기도 했다. 그는 이병철 삼성 회장과 동업하다가 불리한 조건으로 헤어졌지만 깊은 고민 끝에 소송하지 않고 독자적으로 효성을 설립했다. 결과적으로 이 판단은 옳았다.

이솝우화에 '멧돼지와 말과 사냥꾼'이라는 이야기가 있다. 말이 함께 생활하는 멧돼지의 행동이 마음에 들지 않는다고 사냥꾼을 끌어들였다가, 결국 자신의 운명까지 망친다는 내용이다. 경쟁자를 없애고 싶은 유혹이 생길 때 한 번쯤 음미해볼 만한 우화다.

🖊___ 말과 멧돼지가 한 들판에서 같이 살았다. 깔끔한 것을 좋아하는 말은 풀을 뜯거나 물을 마실 때도 조심스럽게 행동하고, 언제나 청결을 유

지했다. 하지만 멧돼지는 말과 정반대로 여기저기 돌아다니며 기분 내키는 대로 풀을 뜯었다. 그러다 보니 들판 전체를 마구 짓밟았으며, 더러운 몸으로 아무 곳에나 뒹굴기도 했다. 물을 마실 때도 연못을 마구 헤집어 온통 흙탕물을 만들어버렸다.

말은 멧돼지를 쫓아내고 싶었지만 사납기로 유명한 멧돼지와 직접 싸울 수는 없었다. 고심 끝에 그는 사냥꾼에게 도움을 청하기로 했다. 사냥꾼은 말의 소원을 들어주기로 약속하면서 다음과 같은 조건을 내세웠다.

"멧돼지를 잡기 위해 너의 입에 재갈을 물릴 거야. 그리고 나를 네 등에 태워줘야 해."

말은 오직 멧돼지를 혼내고 싶다는 생각으로 깊게 생각해보지 않고 사냥꾼의 제안을 수락했다. 사냥꾼은 말의 등에 올라타 멧돼지를 공격했다. 결국 멧돼지는 사냥꾼의 창에 찔려 죽고 말았다. 말은 이제부터 깨끗한 곳에서 살 수 있을 것이라 기대했다. 그런데 멧돼지를 잡고 나자 사냥꾼의 태도는 완전히 바뀌었다. 그는 말의 등에서 내리지 않고, 재갈을 물린 상태로 마구간으로 끌고 갔다. 그 후로 사냥꾼은 말을 마음대로 부려먹었다.

'선의의 경쟁'이라는 말이 있다. 경쟁업체는 우리 회사를 긴장하게 한다는 점에서 순기능을 한다. 즉, 기업을 매너리즘과 나태에서 구해준다. 우리 회사가 생각하지 못한 시도를 하기도 하고, 조금의 틈만 보이면 공격하기 때문에 기업은 좀 더 분발하고, 완벽에 다가설 수 있도록 노력하게 된다.

물론 우리 회사를 헐뜯고 뒷다리를 잡는 경우도 있다. 우리 제품이나 서비스를 비슷하게 모방해 모처럼 개척한 시장을 빼앗고 독점적 수익을 박탈하는 곳도 있다. 신사답지 못한 행동으로 화가 나게 만드는 경쟁사도 적지 않다. 하지만 그렇다고 소송이나 국가 권력 등을 이용해 경쟁사를 아예 없애려고 하면 안 된다. 멧돼지를 쫓아내려고 했던 말처럼 자칫 함께 올가미에 걸려들 가능성이 있기 때문이다. 경쟁업체가 지나치게 변칙적인 행동을 하면 개별 사안에 초점을 맞춰 대응해야지, 전면전을 벌이는 것은 위험천만한 일이다.

08

30대 주부,
매출 100억 원대 CEO가 된 비결

    30대 중반의 한 주부가 일본 여행을 하던 중 눈길을 사로잡는 가전제품을 발견했다. 평소 이런 것이 있으면 정말 좋겠다 싶었던 바로 그 물건이었다. 그것은 소형 공기청정기로, 당시만 해도 한국에는 싼값에 살수 있는 공기청정기가 없었다. 호흡기가 좋지 않아 꼭 구입하려면 최소한 수백만 원을 지출해야 했다. 서민들에게는 언감생심이었다. 그녀는 호흡기 질환을 앓는 어린아이를 키우면서도, 가격 부담 때문에 공기청정기를 장만하지 못하는 가정을 본 적 있었다. 그때부터 작고, 조작이 간편하면서도 저렴한 공기청정기를 만들면 좋겠다고 생각했다. 일본 전자상가에서 발견한 공기청정기는 그것이 가능함을 확신하게 해줬다.

결혼해 두 아이를 낳고 양육하면서 한 번도 사업할 생각을 해보지 않았던 이 주부는 결단을 내렸다. 일본 엔지니어에게 자신이 생각하고 있는 개념의 공기청정기 개발을 의뢰했다. 적지 않은 자금이 들었지만 주변 사람들을 설득해가며 사업을 시작했다. 2000년 그녀는 개인사업자로 변신했고, 천신만고 끝에 전구 크기의 공기청정기를 개발했다. 아이디어 상품으로 관심을 끌긴 했지만 판매처를 찾을 수 없었다. 유통업체들은 검토만 하고 구매 계약은 하지 않았다. 그 후에도 실패의 연속이었다.

그러나 그녀는 사업을 접지 않았다. 제품의 성능과 디자인을 끊임없이 개선하며 완성도를 높였다. 또 2003년 법인전환 후 해외로 눈을 돌려 인증 획득과 영업을 병행했다. 지성이면 감천이라고, 2005년 드디어 독일에서 대량 수주하는 데 성공했다. 한 홈쇼핑 채널에서 대박이 난 것이다. 독일발 성공스토리가 국내에 전해지면서 이 주부가 개발한 공기청정기의 인지도는 점점 더 높아졌다.

국내 홈쇼핑 판매에 맞춰 신문에 광고를 싣자 주문은 급속히 증가했다. 창업한 지 10년이 넘어서자 회사 매출은 100억 원을 돌파했다. 한 주부의 끈질긴 집념과 궁리, 과감한 실행이 우량 중소기업 하나를 탄생시킨 셈이다. 지금은 음이온 공기청정기의 대명사로 알려진 에어비타의 이길순 사장 이야기다. 그녀는 한 강연에서 "사랑하는 마음으로 사업을 하면 성공하지 않을 수 없다"며 "사랑하기 때문에 더 깊은 생각과 열정을 갖게 되고 정성을 기울이게 된다"고 말했다. 또 "무엇인가를 사랑하게 되면 그것을 위해 목숨을 건다"며 "내게는 에어비타가 그런 존재"라고 밝혔다.

이 사장과 같은 끈질긴 궁리와 즉각적인 실행이 얼마나 중요한지 강조한 우화가 있다. 탈무드의 '과일을 먹는 방법'은 포기하지 않고 끝까지 해결 방법을 찾는 사람이 보상을 받는다는 내용이다.

🖋 ___키가 작은 사람과 키가 아주 큰 사람이 있었다. 두 사람은 좀 더 넓은 세상을 구경하기 위해 여행을 떠났다. 그들은 어느 날 산속에서 길을 잃고 말았다. 먹을 것도 다 떨어진 상태에서 쉴 곳을 찾던 두 사람은 오두막집을 발견했다. 그곳에는 아무도 살지 않았다. 배가 너무 고파 여기저기 둘러보던 중 그들은 높은 천장에 매달려 있는 바구니 하나를 찾아냈다. 바구니에는 과일이 담겨 있었다. 키가 큰 사람은 바구니를 꺼내려고 높이 뛰어봤지만 온 힘을 다해도 손에 닿지 않았다. 결국 그는 포기하고 오두막집을 나가버렸다.

반면 키 작은 사람은 다른 방법이 없을까 궁리하다 이런 결론을 내렸다.

'과일 바구니가 아무리 높은 곳에 걸려 있다 해도 분명 내릴 수 있는 방법이 있을 거야. 저기 걸려 있다는 건 누군가가 매달아놓았다는 거니까. 매달 수 있다면 내릴 수도 있다는 얘기 아닌가?'

키 작은 사람은 포기하지 않고 집안 곳곳을 구석구석 살폈다. 잠시 후 그는 헛간에서 자신이 원했던 것을 발견했다. 바로 사다리였다. 그것은 비록 낡았지만 천장까지 충분히 닿았다. 마침내 그는 사다리를 놓고 바구니를 꺼내 맛있게 과일을 먹었다.

다음은 '미리 준비하는 마음'의 내용이다. 바로 행동에 옮기는 것이 현명한 삶의 자세라는 교훈을 준다.

✎___하인들을 위해 왕이 큰 잔치를 준비하고 있었다. 왕은 힘든 일을 하고 있는 하인들에게 한 번쯤은 즐기면서 재충전할 시간을 주고 싶었다. 이 소식이 하인들에게 전달되자, 지혜로운 하인은 내일 당장 잔치가 열릴 수도 있으니 빨리 궁에 들어갈 준비를 끝내야 한다고 생각했다. 그는 서둘러 준비를 마치고 궁궐 앞에서 기다렸다. 반면 어리석은 하인은 왕이 베푸는 잔치에는 준비에 많은 시간이 걸릴 것이라며 늑장을 부렸다.

왕은 이왕 잔치를 벌이기로 했으니 서둘러 시행하라고 명령했다. 이에 따라 신하들은 신속하게 준비를 끝내고 잔치를 시작했다. 미리 준비하고 있던 하인은 궁궐에 들어가 잔치를 즐겼다. 반면 어리석은 하인은 잔치가 시작됐다는 말을 듣고서야 부랴부랴 궁궐로 향했고, 이미 문은 닫힌 채였다. 결국 그는 잔치에 참석하지 못하고 발길을 돌려야 했다.

무슨 일에든 집요함과 끈기, 실천이 따라야 성공 가능성이 높아진다. 사업은 특히 그렇다. 몇 번 실패했다고 포기하지 않고 집요하게 물고 늘어지면 언젠가는 의미 있는 성과를 올릴 수 있다. 궁리에 궁리를 거듭하다 보면 해답이 보이기 마련이다. 생각만 하다간 궁극적인 결실을 맺을 수 없으므로, 작은 걸음이라도 앞으로 나가야 한다. 실행하지 않으면 이루어지지 않는다는 얘기다.

키가 크다고 항상 높은 곳에 있는 물건을 꺼낼 수 있는 것은 아니다. 그럴 때 물건을 획득하는 주인공은 키 작은 사람처럼 끝까지 궁리해 해결 방법을 찾는 사람이다. 그런 다음 신속하게 목표를 향해 달려가야 잔칫상을 받을 수 있다. 어리석은 하인처럼 제때 준비하지 않고 게으름을 피운다면 잔칫상을 받지 못한다. 궁리와 실행력은 성공을 위한 하나의 열쇠 꾸러미다.

09

폭스바겐은 왜
당나귀가 됐을까?

　'클린디젤'은 폭스바겐이 글로벌 자동차업계 1위로 등극하는 데 큰 역할을 했다. 디젤 차량의 연비 조작 파문으로 이제는 폭스바겐에 부메랑처럼 돌아왔지만, 처음 등장했을 때는 고개를 갸웃하면서도 마케팅 포인트를 잘 짚었다고 무릎을 치는 사람들이 적지 않았다.

　상식적으로 생각하면 클린과 디젤은 서로 이어질 수 없는 관계다. 자동차 엔진에 '클린'이라는 말을 붙이려면 다른 엔진에 비해 배기가스를 적게 발생시키는 등 환경을 오염시키지 말아야 한다. 충전지로만 작동하는 전기차나 화석연료와 전기를 동시에 사용하는 하이브리드 자동차는 클린엔진을 장착하고 있다고 할 수 있다. 충전지 역시 환경에 큰 부담을 주는 것이기 때문에 이것조차 '클린'한 것으로 볼 수 없다고 항변하는 사람도 있지만, 기존 가솔린이나 디젤 차량에 비해 이런 차량들이 친환경적인 것만은 틀림없다.

그럼에도 폭스바겐은 2009년 미국 시장을 공략하며 클린 뒤에 감히 디젤이라는 단어를 붙였다. 어떻게 그럴 수 있었을까? 디젤 엔진의 진화 과정을 보면 대략 이해할 수 있다. 1892년 루돌프 디젤이 디젤 엔진을 개발했을 당시, 전혀 새로운 방식의 이 엔진은 가솔린에 비해 연료효율이 뛰어났지만 소음과 진동이 너무 심해 승용차에는 적용할 수 없었다. 또한 무거운 짐을 싣고 언덕을 오를 때 필요한 힘인 토크는 높았지만 속도를 내는 데는 출력이 좋은 가솔린 차량을 넘어설 수 없었다. 이 때문에 대형 중장비와 트럭, 버스에 주로 디젤 엔진을 사용했다. 이런 경향은 한참 동안 지속됐다.

하지만 자동차 엔지니어들은 디젤 엔진의 이런 단점들을 하나씩 개선해나갔다. 디젤 엔진 발전사에서 가장 혁신적인 대목은 역시 커먼레일 기술을 개발한 사건이었다. 커먼레일 엔진CRDI, common rail direct injection engine은 경유를 고압으로 압축해 한 곳, 즉 커먼레일에 모은 뒤 안개 같은 작은 입자로 분사해 발화시킨다. 고압 분사 방식을 채택했기 때문에 기존 디젤 엔진에 비해 연소 효율이 뛰어날 뿐 아니라 연비도 높아진다. 여기에 질소산화물과 분진 등 유해물질을 획기적으로 줄이는 역할도 했다. 자동차업체들은 이 기술을 더욱 정교하게 다듬어 연비와 배기가스 측면에서 가솔린 엔진을 압도하는 수준으로 올려놓았다. 이와 더불어 배기가스가 생성된 직후 필터를 달아 남은 유해물질마저 제거하는 장치와 소음을 줄이는 차음재를 덧붙여 클린디젤을 완성했다.

자동차업체들은 가솔린 차량의 판매가 정체되자 클린디젤을 앞세워 신규 수요를 창출하려 했다. 이런 흐름의 선두에 폭스바겐이 있었다. 그 덕에 폭스바겐은 토요타를 제치고 글로벌 1위로 도약했다. 클린디젤은 폭스바겐의 급성장을 견인했던 효자상품이자 세계 최고 자동차 메이커로 부상한 폭스바겐의 자부심이기도 했다. 그러나 연비 조작 사건이 터지자 클린디젤은 폭스바겐의 생존을 위협하는 칼이 되고 말았다. 클린디젤의 인기가 정점을 향해 달리고 있는 상황에서 일어난 일이라 더욱 급격히 추락할 수밖에 없었다.

폭스바겐 사태의 본질은 소비자를 속이면 재앙이 된다는 것이다. 동시에 어떤 제품이나 사업이 영원히 고공행진할 수 없다는 교훈을 주기도 한다. 상황이 바뀌면 효자상품이나 이익을 많이 주는 사업이 비수가 돼 돌아올 수도 있다는 얘기다. 이와 관련해 떠오르는 우화가 있다. 라퐁텐의 '당나귀와 노새'라는 이야기다.

✎___당나귀와 노새가 짐을 지고 길을 가고 있었다. 노새는 밀가루 주머니를, 당나귀는 소금 값으로 받은 돈 자루를 잔뜩 진 채였다. 돈 자루를 짊어진 당나귀는 그렇게 값진 것을 자신이 맡고 있다는 사실이 너무나 영광스러워 더 많은 짐을 지는 것도 마다하지 않았다. 또 신이 나서 당당하게 앞서 걸었다.

그때 돈 자루를 노린 강도들이 나타나 큰 칼을 들고 돈을 싣고 가던 당나귀에게 덤벼들었다. 그들을 막기 위해 온 힘을 다해 날뛰었던 당나귀는 긴 칼날이 자신의 몸을 파고드는 것을 느꼈다. 당나귀는 신음소리를 내며 거친 숨을 몰아쉬었다.

"내가 받을 대가가 고작 이건가? 내 뒤를 따라오던 노새는 저렇게 멀쩡한데 나는 여기서 이렇게 죽어야 하다니."

그때 이 광경을 지켜보던 노새가 그에게 다가와 이렇게 말했다.

"이보게, 높고 중요한 일만 하는 것이 언제나 좋은 건 아니라네. 만약 자네가 나처럼 밀가루 자루나 날랐다면 이렇게 되지는 않았을 거야."

비즈니스 환경은 변하기 마련이다. 시장이나 소비흐름이 바뀌면 아무리 잘나가는 사업이나 잘 팔리는 제품도 인기가 시들해질 수밖에 없다. 폭스바겐 사태 이전까지는 디젤 차량이 잘 팔렸지만 그 이후에는 가솔린과 하이브리드 차량에 대한 관심이 높아지고 있다. 이런 현실을 감안한다면 경영자들은 하나의 사업 또는 제품을 극단적으로 밀고 나가는 것에 항상 주의를 기울여야 한다.

인재를 발탁할 때도 마찬가지다. 다양한 사람을 고루 쓰지 않고 한두 가지 능력에만 뛰어난 인사를 편애하다가는 조직은 역동성을 잃고, 실적도 타격을 받을 수 있다. 잘나갈 때 주변을 돌아보며 좀 더 종합적으로 통찰하는 혜안은 국가를 이끄는 대통령뿐 아니라 한 기업을 맡고 있는 CEO나 부서장, 팀장 모두 금과옥조로 삼아야 할 덕목이다.

10

'갑질'의 다음을
생각하라

타코벨은 다국적 기업인 미국 얌브랜드의 자회사로, 멕시칸 푸드 체인점이다. 전 세계에 수천 개의 점포를 두고 있으며 옥수수와 밀가루로 빈대떡처럼 넓게 펴서 만든 토르티야에 콩과 고기, 야채 등을 넣어 만든 브리토와 타코, 퀘사디아 등이 주 메뉴다. 햄버거와 같이 빠르고 간단하게 만들 수 있는데다 맛과 영양가도 높아 현지인들에게는 인기 있는 프랜차이즈다. 하지만 타코벨은 한국에서는 기대만큼 매장을 확대하지 못했다. 한국인의 입맛에 맞는 메뉴를 개발하지 못한 측면도 있겠지만 다른 한편으로는 사업을 하면서 잡음이 생긴 탓도 있다.

타코벨은 오래전에 국내에 진출했지만 제대로 정착하지 못하고 철수

해야 했다. 그러다 M2G라는 중소기업이 2010년 타코벨 본사에서 사업권을 가져와 이태원에 1호점을 열면서부터 본격적으로 인지도를 높이며 시장을 파고들기 시작했다. 이 회사는 새로운 맛을 찾는 젊은 층을 공략하며 꾸준히 매장을 늘렸다. 햄버거와 경쟁할 수 있는 가격대로 열량이 낮고 맛도 좋은 메뉴로 나름대로 자리를 잡고 있었다. M2G는 그렇게 5년가량을 꾸려가며 한국에 타코벨이라는 브랜드를 알리는 첨병 역할을 했다. 중소기업이라는 한계 때문에 확장 속도가 빠르진 않았지만 예전에 진출했던 업체와 비교하면 성공한 것으로 볼 수도 있었다.

그런데 이 회사에 뜻하지 않았던 악재가 터졌다. 2014년 말 대기업인 아워홈이 자회사를 통해 타코벨과 프랜차이즈 계약을 체결하고 영등포 타임스퀘어 매장을 개점한 것이다. 이미 M2G를 통해 한국에 진출한 상황에서 다른 업체와 또 계약을 맺은 것에 타코벨 본사나 아워홈은 아무 상관없다는 반응을 보였다. M2G와 독점계약을 맺은 게 아니기 때문에 문제가 되지 않는다는 것이었다. 아워홈은 첫 타코벨 매장을 내면서 M2G와 대동소이한 청사진을 내놓았다. 서로 출점 지역을 피하면 모를까 그렇지 않다면 두 곳 중 하나는 죽을 가능성이 높아진 것이다.

이에 M2G는 아워홈이나 타코벨 본사가 반칙을 하고 있다며 항변한다. 한국인에게 생소한 브랜드를 알리기 위해 적지 않은 투자를 했는데 대기업인 아워홈이 무임승차하고 있다는 것이다. 이 말이 진실이라면 재주는 곰이 부리고 돈은 되놈이 버는 셈이 된다. 2015년 6월 국회에서 열린 대기업 갑질사례 발표회에 참석한 M2G 관계자는 "많은 초기비용을 들여 국내에서 타코벨 가맹 사업을 정착시켰는데 미국 다국적 기업과 아워홈이 공조해 영업권을 침해하고 있다"고 비난했다. 이 회사는 아워홈이 불공정거래를 하고 있다며 공정거래위원회에 조사를 의뢰하기도 했다.

대기업이 중소기업이나 개인사업자의 영역을 침해하는 것은 많은 재산을 보유한 부자가 가난한 이웃의 전 재산을 빼앗는 것에 비유할 수 있다. 부자는 자신의 약탈 행위가 얼마나 잘못된 것인지 느끼지 못하거나 애써 무시하지만 당하는 약자 입장에서는 하늘이 무너지는 것과 다름없다.

대기업의 횡포를 떠오르게 하는 대표적 이야기가 구약성경 사무엘하 12장에 나온다.

✎ 왕인 다윗이 부하 장수인 우리아의 아내를 차지하기 위해 우리아를 전장에서 죽게 만들었다. 다윗은 이 일을 은밀하게 진행했지만 선지자인 나단은 다음과 같은 우화를 들려주며 다윗의 범죄 행위를 드러내고 질책한다.
"한 성에 부자와 가난한 사람이 살고 있었습니다. 부자는 양과 소가 엄청나게 많았지만 가난한 자는 자기가 사서 기르는 작은 암양 새끼 한 마리밖에 없었지요. 그 암양 새끼는 가난한 사람에게는 자식과도 같이 귀중한 존재였습니다. 그런데 어느 날 부자의 집에 손님이 찾아왔습니다. 부자는 손님에게 대접할 고기에 자신의 양과 소를 쓰는 것이 아까워 가난한 자의 암양 새끼를 빼앗아 요리했습니다."

이 말을 듣고 다윗은 발끈했다.

"그 부자는 죽어 마땅한 아주 나쁜 놈 아니오. 가난한 사람을 불쌍히 여기지 않고 나쁜 일을 저질렀으니 네 배를 갚아줘야 할 것이오."

그러나 선지자 나단은 다윗을 똑바로 쳐다보며 대답했다.

"그 부자를 따로 잡아올 필요가 없습니다. 당신이 바로 그 사람이기 때문이오."

사마천의 《사기》에도 유사한 이야기가 나온다. '전주탈지우田主奪之牛' 또는 '혜전탈우蹊田奪牛'라는 고사성어로 전해지는 우화다.

✎___강대국인 초나라 장왕은 인접 약소국인 진나라에서 군주를 시해한 사건이 일어나자 범인을 죽여야 한다는 명분으로 침략한다. 사건을 마무리한 장왕은 마음을 바꿔 아예 진나라를 차지하려고 했다. 대부분의 신하들이 영토가 넓어지게 됐다며 장왕에게 축하의 박수를 보냈지만, 제나라에 사신으로 갔다 막 돌아온 대부 신숙시는 불쾌한 표정을 지었다. 장왕이 그 이유를 묻자 신숙시는 말한다.

"아주 복잡한 문제가 있어서 그렇습니다."

"어떤 것이 그대를 그렇게 괴롭게 하는가?"

"어떤 사람이 남의 밭에 들어간 소를 끌고 왔어요. 그런데 소가 밭을 밟아 그만 곡식을 먹을 수 없게 됐답니다. 화가 난 밭 주인이 그 소를 끌고 가서는 주인에게 돌려주려 하질 않습니다. 이 문제를 어떻게 처리해야 할

까요?"

장왕은 별로 어려울 것이 없다는 표정을 보이며 대답했다.

"당연히 소 주인에게 돌려줘야지."

"왜 그렇게 생각하십니까?"

"소가 남의 밭으로 들어가 곡식을 밟은 것은 잘못된 일이지만 그렇다고 소를 빼앗아 돌려주지 않는 것은 너무 지나친 처사가 아닌가."

이 말을 하고 나서 장왕은 잠시 생각에 잠겼다. 그리고 신숙시에게 한 방 얻어맞았다는 표정으로 말했다.

"아하, 그대가 나를 책망하려고 이 이야기를 한 것이로군. 알겠네. 그 소를 주인에게 돌려주겠네."

장왕은 그 후 진나라에서 철수하고 새로 군주를 세웠다.

　

대기업과 중소기업의 불공정거래는 대체로 강자의 억지 또는 논리를 관철하려는 것에서 비롯된다. 대기업은 시장의 원리에 따라 결정한 것이라 강변하지만 중소기업 입장에서는 그렇지 않을 수 있다. 그럼에도 가난한 중소기업의 주장을 무시하고 부자인 대기업이 밀어붙이면 어쩔 수가 없다. 이런 식으로 시장을 약육강식의 정글로 만들어놓는다면 그 대기업 역시 더 큰 대기업에 부당하게 먹힐 가능성이 높아진다. 치열한 경쟁과 전쟁이 벌어지는 비즈니스 세계에서 속 편한 말처럼 들릴지 모르지만 때로는 상생을 먼저 생각하는 것이 궁극적으로 내 회사를 지속 가능하게 만드는 길이 될 수도 있다.

11

글로벌 금융위기를 만든
양치기의 거짓말

1999년 12월, 거의 모든 언론이 다음의 기사를 보도했다. 닷컴 버블이 한창 기승을 부리던 시기, 한 벤처기업이 보낸 보도자료를 기반으로 작성된 것이었다.

"A사는 삼성전자와 패스폰 공동개발 계약을 체결했다고 밝혔다. 패스폰은 휴대폰에 사용자를 인지할 수 있는 기능을 결합시킨 제품으로 휴대폰 내부에 지문센서 반도체칩을 내장해 지문을 인식할 수 있게 만든다. 회사 측은 신용카드 결제나 전자상거래 때 패스폰을 이용해 사용자 지문이 패스폰에 기억된 지문과 일치하는지 여부를 확인함으로써 보안 문제를 간단히 해결할 수 있다고 설명했다. 채용된 지문인식 기술이 지문 모양만을 인식하는 기존 기술과 달리 지문의 땀샘 특징까지 인식하므로 해킹당하거나 지문을 잘못 인식할 가능성이 전혀 없다고 말했다."

결과적으로 이 보도자료는 새빨간 거짓말인 것으로 판명됐다. 지문의 땀샘까지 파악할 수 있다는 내용에 사람들의 귀가 솔깃했지만 실현되기 힘든 기술이었다. 자료가 나온 직후에도 상상할 수 있는 기술일지는 몰라도 수년 안에 상용화하기란 쉽지 않다는 논평이 적지 않았다. 그러나 벤처기업 대표의 전방위적인 로비에 힘입어 이 지적은 묵살됐다. 얼마 후 회사 대표는 기술력을 부풀려 '한탕' 하려는 사기성 외에도 정관계 로비와 살인 등 여러 범죄에 연루돼 구속됐다. 세상에 '윤태식게이트' 또는 '패스21 스캔들'로 알려진 사건이다.

또 거짓말로 우리에게 충격을 줬던 기업이 있었다. 내츄럴엔도텍이다. 이 회사는 백수오와 모양이 유사하지만 약효가 적고 독성의 유해 여부가 제대로 증명되지 않은 이엽우피소 혼입 백수오 건강기능식품을 판매해 한동안 세간을 떠들썩하게 했다. 내츄럴엔도텍이 고의로 이엽우피소를 넣지 않았다는 판결이 났지만 그 책임 여부를 떠나 가짜 백수오를 복용한 사람들은 여전히 허탈감을 느끼고 있다. 이처럼 속임수로 기업이 신뢰를 잃고 몰락한 사례는 손으로 꼽을 수 없을 만큼 많다.

명백한 거짓말을 한 것은 아니지만, 진실을 가리고 현상을 호도해 사람들을 파탄에 이르게 한 기업도 있다. 2008년 글로벌 금융위기를 초래한 미국 금융업체와 신용평가사들의 복잡하고 미묘한 거짓말이 바로 여기에 속한다. 이에 대해서는 빅데이터를 기반으로 미래를 예측해 슈퍼

스타로 부상한 네이트 실버가 잘 지적하고 있다. 시카고대에서 경제학을 전공한 그는 메이저리그 야구선수의 성적을 미리 정확하게 맞추는 '페코타'라는 시스템을 개발해 높은 명성을 얻었다.

그는 저서 《신호와 소음》에서 금융위기 직전에 리먼브라더스를 비롯한 대형 금융업체들이 부채담보부증권의 위험성을 교묘하게 숨겼고, 무디스와 S&P 등 신용평가사도 이 불확실한 상품에 높은 신용등급을 부여해 사기에 동참한 정황을 설득력 있게 설명했다. 이들의 속임수와 엉터리 예측은 글로벌 금융위기로 이어져 많은 사람을 고통스럽게 만들었다.

거짓말의 치명적인 결과를 전하는 대표적인 우화가 '양치기 소년'이다. 양치기의 행동은 금융위기 직전 미국의 금융업체와 신용평가사가 보였던 행태와 딱 맞아떨어진다.

✎___양치기 소년은 양을 돌보는 일이 행복했다. 그는 자신의 직업을 잃기 싫었다. 그런데 그를 위협하는 적이 있었다. 바로 늑대들이었다. 마을 사람들은 만약 늑대가 나타나면 약한 소년이 양을 지킬 수 없을 것이라 생각했고, 늑대들을 쫓아낼 수 있는 사냥꾼을 고용하는 게 좋겠다는 의견을 내기도 했다. 늑대가 양을 위협하고 있다는 사실이 알려지면 양치기 소년은 바로 해고될 위험이 있었다.

어느 날 정말 늑대가 양 울타리 주변을 어슬렁거리는 것이 포착됐다. 양치기 소년은 그것을 알았지만 마을 사람들에게 전하지 않았다. 그 사실을 알리는 순간 직업을 잃기 때문이었다. 마을 사람 중 한 명이 늑대를 목격하고는 양치기를 찾아와 늑대가 습격할 위험이 없는지 물었다. 양치기 소년은 대답했다.

"그렇지 않아요. 아저씨가 본 것은 늑대가 아니라 개일 거예요. 걱정 마세요. 제가 양들을 잘 지키도록 할게요."

얼마 후 다른 마을 사람이 또 늑대를 봤다. 그는 마을 사람들에게 늑대가 양들을 공격할 수도 있으니 양치기 소년을 사냥꾼으로 바꾸든지 아니면 주의를 줘야 한다고 말했다. 이에 마을 대표가 다시 양치기 소년을 찾아가 늑대를 막을 수 있는지 물었다.

"염려하지 마세요. 양이 안전하게 풀을 뜯을 수 있도록 울타리를 높였어요. 한눈팔지 않고 잘 지키고 있을 테니 너무 걱정하지 마세요."

양치기는 이렇게 확언했지만 사실 늑대들이 점점 더 자주 출몰하고 있다는 것을 인지하고 있었다. 사냥꾼들이 양을 지키도록 하는 게 좋겠다는 생각도 했다. 하지만 직업을 잃지 않으려면 거짓말을 할 수밖에 없었다.

바람이 몹시 심하게 불던 날 밤, 결국 양치기가 원치 않았던 일이 벌어졌다. 수많은 늑대들이 울타리를 넘어와 양들을 잡아먹기 시작했다. 양치기 소년은 너무 무서워 아무런 말도 하지 못하고 양들이 죽어가는 것을 보고만 있었다.

기업의 거짓말은 치명적이다. 그것은 기업이 문을 닫는 것으로 끝날 수도 있지만 많은 사람들에게 상처를 남기는 대재앙이 될 수도 있다. 그 회사를 믿고 투자한 사람들은 물론 소비자와 돈을 빌려준 금융업체, 비숯한 업종의 다른 기업들, 국가와 지방자치단체까지 피해를 볼 수 있다. 그러나 무엇보다도 기업의 거짓말은 시장에 대한 신뢰를 깨뜨리고 건전한 시스템을 무너뜨린다는 점에서 가장 악질적인 범죄로 분류할 수 있다. 기업 경영자는 거짓의 부메랑이 얼마나 파괴적인지 확실히 알고 있어야 한다.

12

좀비기업이 크고 있다!

좀비zombie라는 단어는 처음 탄생했을 때 부정적인 의미보다는 신비하면서도 무섭고, 혐오스럽지만 연민을 일으키는 말로 쓰였다. 아프리카의 한 종교에 등장하는 신의 이름이었지만 세월이 흐르면서 되살아난 시체를 뜻하는 말로 와전됐다. 초기에는 시체인데도 완전히 죽지 못하고 썩은 몸을 다시 일으켜 노동을 해야 하는 존재로 묘사됐다. 시체라서 공포와 혐오심을 유발하지만 사악한 인간에 의해 밤에 다시 깨워져 노예로 일해야 했다는 점에서 동정심을 일으켰다. 그것이 영화를 비롯해 여러 맥락에서 차용되며 다양한 의미로 발전했다.

지금은 영혼 없이 기계화된 삶을 살아가는 현대인을 비유할 때 쓰이기도 하고, '디지털좀비'처럼 컴퓨터와 스마트폰 같은 전자기기에 매몰돼 아무 생각 없이 사는 인간을 지칭하기도 한다. 취업을 못하고 무기력하게 사는 청년을 비하하거나 좌익좀비나 우익좀비와 같이 주체성을 상실한 채 어느 한쪽 입장만 주장하는 인간을 비난할 때도 사용된다. 2013년 개봉한 영화 〈웜 바디스〉에서는 인간과 사랑에 빠지는 좀비까지 등장할 정도로 지평이 넓어졌다.

좀비라는 말은 산업과 경제 분야에도 차용됐다. 문제가 많은 기업을 일컬어 '좀비기업'이라고 한다. 영업활동으로 버는 돈보다 빚으로 발생하는 이자가 더 많아 시간이 갈수록 손실이 커지는 회사를 말한다. 부실기업 또는 한계기업이라고도 하는데 이런 회사가 많아지면 국가 경제 전체에 엄청난 부담을 준다. 가만히 놔두면 도태되지 않겠느냐고 말할 수 있지만 현실은 그렇지 않다. 좀비기업 역시 청산되는 순간 많은 실업자를 낳기 때문에 정부와 금융권이 지원하는 사례가 많다. 좀비기업 경영자들도 자리를 보전하기 위해 로비에 사활을 걸기 때문에 비정상적인 현상이 벌어지는 것이다. 이들 좀비기업의 유지비용은 금융권 부실로 이어지고, 공적자금이 투입되면서 결국 국민의 몫으로 돌아온다.

좀비기업 사례를 찾는 것은 어렵지 않다. 정치권과 밀착해 각종 특혜를 얻는 방식으로 생존했던 경남기업은 매년 수천억 원의 적자를 냈던 대표적인 좀비기업이었다. 유력자의 압력을 받은 채권단은 경남기업에 수조 원을 쏟아부었다. 이것은 고스란히 채권 금융사들의 실적 악화로 이어졌다.

동부제철도 빚이 3조 원이 넘어 올 상반기에만 900억 원 넘는 이자를 지불해야 했다. 이는 같은 기간 영업이익의 3배가 넘는 액수다. 높은 수익을 보장하는 신사업이 성공하지 않는 한 동부제철은 시간이 갈수록 부실이 눈덩이처럼 불어날 수밖에 없다. 전형적인 좀비기업의 모습을 보이고 있는 것이다.

2015년 2분기 3조 원대의 부실을 털어냈던 대우조선해양도 채권단의 지원에 연명해야 하는 좀비기업 신세가 됐다. 대우조선해양뿐 아니라 성동조선 등 적지 않은 조선업체들이 시장 상황 악화와 저가 수주 탓에 좀비기업으로 전락하는 불운을 맞았다. 대부분 덩치가 크기 때문에 채권단은 이들을 즉시 파산시키는 것에 부담을 느끼고 있다. 그렇다고 회생할 때까지 지원하는 것도 만만치 않아 큰 곤욕을 겪고 있다.

대기업뿐 아니라 중소기업들도 정상적인 영업 활동보다 정부나 지방자치단체의 지원에만 의존해 그럭저럭 생명을 이어가는 곳이 적지 않다. 중소 좀비기업들이 주로 노리는 돈은 기술 혁신이나 연구개발에 지원되는 자금이다. 일부 지방 기업은 지방자치단체 공무원들과 짜고 소위 '눈먼 돈'을 빼돌리는 불법을 저지르기도 한다.

문제는 좀비기업이 매년 증가하고 있다는 사실이다. 한국은행에 따르면 3년 이상 영업이익으로 이자조차 갚지 못하는 좀비기업이 2009년 2,698개에서 2014년 3,295개로 늘었다. 기업이 경쟁력을 회복하지 못하고 경기가 살아나지 않는다면 좀비기업의 증가 추세는 쉽게 꺾이지 않을 것으로 보인다. 좀비기업이 국가 경제에 미치는 부작용에 대해서는 한 금융위원장이 잘 요약하고 있다. 그는 은행 여신 담당 임원들이 모인 자리에서 이렇게 경고했다.

"기업부채가 가계부채에 비해 심각한 이유는 명백하다. 가계부채는 소득이 많은 사람이 갖고 있지만 기업부채는 대부분 부실한 기업이 보유하고 있다. 미국의 금리 인상 등 악재가 발생하면 감당할 수 없는 부채로 인해 좀비기업들이 더욱 급증할 수 있다. 선제적으로 관리해야 우리 경제가 큰 충격을 받는 것을 막을 수 있다."

외부 지원을 받아야 겨우 유지되는 좀비기업 경영자들은 대체로 그들이 받고 있는 도움을 인정하려 하지 않는다. 충분히 회생할 수 있는 기업이기에 채권단이 지원하는 것이지 은혜를 베푸는 것은 아니라는 논리를 편다. 그렇지 않으면 스스로 좀비기업임을 인정하는 셈이 되기 때문일 것이다. 이런 좀비기업 경영자들은 중국 작가 선쥔스의 '은혜를 모르는 사막'에 나오는 사막과 크게 다르지 않다. 우화의 내용은 이렇다.

✒___여름이 되자 비가 구준히 내렸다. 논과 밭에 내린 비로 씨앗들은 싹을 틔우고 과수원에는 꽃이 피어났다. 언덕에도 푸른 풀이 무성하게 자랐다. 비 때문에 연못에 물이 많아지자 물고기가 즐겁게 헤엄치고 개구리도 밤낮으로 노래를 불렀다.

사막에도 똑같이 비가 내렸지만 사막은 빗물을 흡수하기만 하고 아무런 성과를 내지 못했다. 이에 빗물을 관리하는 비의 신이 사막에게 물었다.

"그 많은 빗물을 유용하게 쓰지 않고 빨아들이기만 하면 어떻게 하오?"

사막은 이 질문이 적절하지 않다는 표정으로 대답했다.

"나는 빗물을 가장 순수하게 받아들입니다. 이게 무슨 잘못입니까?"

비의 신이 말했다.

"그렇다면 좀 물어봅시다. 비가 내려 모든 대지가 끝없이 번창하는 동안 당신은 대체 무엇을 하고 있는 것이오?"

이 추궁에 사막은 눈만 깜박거렸다.

기업의 가장 기본적인 존재 이유는 이윤을 내는 것이다. 이를 충족하지 못하는 기업은 암과 같은 존재일 뿐이다. 만약 암이 큰소리치며 구석구석 활개 치고 다닌다면 몸은 어떻게 될까. 전이가 빨라지고 결국 암으로 인해 생명을 잃을 것이다. 국가 경제도 마찬가지다. 수익을 내지 못하고 직간접적으로 국민에게 부담만 주는 좀비기업이 늘어난다면, 그리고 이들 좀비기업의 경영자들이 마음껏 돈을 쓸 수 있도록 방치한다면 나라의 경제는 결국 말기 암 환자와 같이 만신창이가 되고 말 것이다.

13

CEO의 간섭은 독?

에리크 쉬르데주는 한국의 재벌기업을 프랑스인의 눈으로 본 책을 2015년 7월 출간해 주목받았다. 그는 2003년 LG전자 프랑스법인 영업 마케팅 담당으로 입사해 4년 만에 상무로 승진한 능력자다. 처음부터 임원으로 영입된 외국인은 있지만 직원으로 들어와 임원이 된 사례는 많지 않다. 에리크는 2009년 프랑스법인장까지 역임하면서 LG전자 유럽 사업을 키우다가 2012년 다른 기업으로 자리를 옮기면서 퇴사했다. 그는 10년간 LG전자에 근무하면서 체험하고 느낀 바를 책으로 엮었는데 제목부터 눈길을 끈다.

'한국인은 미쳤다!'

여러 내용이 있지만 LG전자같이 오너십이 강한 기업에 다니는 직장인들이 흔히 겪는 대목이 눈에 띈다. 바로 CEO의 간섭으로 짧게는 일주일, 길게는 수개월 준비했던 프로젝트가 물거품이 되는 경험이다. 에리크는 직장 안에 팽배해 있는 이른바 '군대식 계급문화'를 거론하면서 이런 일화를 소개한다.

그는 인사 담당자와 조직 개편에 대한 필요성에 공감하고 최종보고서를 만들었다. 그러나 막상 보고를 하자 CEO가 반대 의사를 표명했다. 에리크는 사전에 논의한 대로 CEO를 설득하려 했다. 그가 보기에 CEO의 말은 논리가 빈약했기 때문이다. 그런데 놀라운 일이 벌어진다. 자신과 입을 맞춘 인사 담당자의 태도 변화였다. 회장이 반대 의사를 밝히자마자 인사 담당자는 자신과 한 합의를 무시한 채 이렇게 말했다.

"회장님 말이 맞습니다. 그렇게 하겠습니다."

보고를 끝내고 에리크는 인사 담당자에게 따졌다. 그러나 '회장님의 말씀'은 어떤 누구도 거스를 수 없는 '진리'였기에 오랜 기간 준비했던 프로젝트는 없던 일이 되고 말았다. '회장의 간섭'은 결과적으로 독이 됐다.

부회장의 말 한마디에 유능한 직원이 해고당할 위험에 처했던 일화도 프랑스인인 에리크에게는 이상하게 보였다. 부회장이 법인을 방문했을 때 한 간부가 사진을 찍었다는 이유로 해고 명령을 받았다. 이것은 명백한 부당 간섭이다. 그럼에도 불구하고 한국의 임직원들은 부회장의 간섭에 이의를 달지 못했다. 눈 가리고 아웅 하는 방식으로 해당 직원은 해고를 모면했지만 윗사람의 간섭에 무기력한 한국 기업의 민낯을 드러내는 또 다른 사건이었다.

에리크는 책 발간 후 한 언론과 가진 인터뷰에서 "그룹 수뇌부의 간섭으로 재무적으로나 비즈니스 측면에서 회사에 해를 준다는 것을 알면서도 실행해야 할 때 가장 힘들었다"고 회고했다.

LG그룹뿐 아니라 한국의 거의 모든 재벌기업에서 오너의 한마디는 절대적이다. 현대차그룹에서는 다음의 일화가 전해진다. 많은 디자이너들이 각고의 노력 끝에 만들어낸 그랜저 신형 모델 디자인을 회장에게 보였다. 하지만 회장은 신형 모델의 뒷부분이 마음에 들지 않는다며 바꾸라고 명령했다. 회장의 입맛에 맞게 디자인이 변경됐고 결과는 대참사였다. 신차가 시장에 나왔을 때 사람들은 이구동성으로 뒷부분 디자인이 이상하다고 혹평했다. 이는 차량 판매 부진으로 이어졌다. 회장의 간섭이 영업을 방해하고 회사 성장을 막았던 셈이다.

CEO가 빠지기 쉬운 함정이 있다. 자신은 오류가 없다는 착각이다. 이것 때문에 부당한 간섭을 하게 된다. 여기서 빠져나오는 데 도움이 될 만한 우화가 있다. 이란의 중세 작가 사아디의 '간섭'이라는 이야기다. 한 현자가 자신의 경험을 통해 중요한 진리를 알게 된다는 내용이다.

✎___ 현자가 인도에 있을 때였다. 그는 구석진 곳에서 흑인 한 명이 백인 여자를 껴안고 있는 것을 봤다. 얼마나 세게 안고 있었던지 여자가 죽을 것만 같았다. 현자는 백인 여자를 돕기 위해 무엇인가 해야 한다고 생각했다. 그래서 지팡이로 흑인을 갈기며 소리쳤다.

"이 나쁜 놈! 하느님을 모르는 놈! 부끄러운 줄도 모르는 놈!"

그러자 흑인은 백인 여자를 내버려두고 달아났다. 여인이 자신에게 고마움을 표시할 것이라 생각하며 현자는 그 자리에 있었다. 하지만 여인은 그의 옷을 잡고 욕을 했다.

"위선자! 당신이 방금 내게 무슨 짓을 했는지 알아요? 나는 오랫동안 그를 찾아 헤맸어요. 이제 겨우 만나서 그 품에 안겨 달콤한 맛에 취해 있는데 당신이 뛰어들어 그를 빼앗아버렸다고요!"

여인은 이렇게 비난하며 주변 사람들에게 외쳤다.

"누가 날 도와줘요. 이 늙은 위선자한테서 나를 구해줄 사람은 없나요?"

현자는 어떻게 해야 할지 알 수 없었다. 부끄러워 옷자락으로 얼굴을 가렸다. 사람들이 모여들었고, 여자가 옷을 움켜잡고 있었기 때문에 현자는 옷을 벗어둔 채 벌거숭이가 되어 도망쳐야 했다.

시간이 흐른 뒤 현자는 여인을 다시 만났다. 그는 깜짝 놀랐지만 여인은 그를 알아보지 못했다. 하지만 현자는 여인에게 다가가 고백했다.

"당신이 내게 큰 교훈을 줬소. 그 일을 겪은 뒤로 난 완전히 다른 사람이 됐다오. 정말이오. 다시는 남의 일에 간섭하지 않게 됐소."

CEO와 같이 책임과 권한이 많은 사람일수록 말을 아낄 필요가 있다. 그의 발언이 그만큼 무겁기 때문이다. CEO는 자신이 가장 많이 아는 사안이라 할지라도 여러 입장에서 생각해본 후 꼭 필요하다고 판단됐을 때 비로소 입을 열어야 한다. 그렇지 않으면 부당한 간섭이 될 가능성이 있다.

윗사람은 조언을 해야지 간섭을 해서는 안 된다. 간섭은 누구나 할 수 있지만 훌륭한 조언은 아무나 할 수 없다. 스스로 간섭과 조언을 구분할 자신이 없다면 그것을 판단해줄 장치나 사람을 옆에 두고 먼저 조언을 구해야 한다.

윗사람은

조언을 해야지

간섭을 해서는 안 된다.

간섭은 누구나 할 수 있지만

훌륭한 조언은

아무나 할 수 없다.

14

'나쁜 돈'은
반드시 배반한다

2015년 5월, 서울의 한 호텔에서 한국중견기업연합회 명문장수기업 센터 주최로 '장수기업 오너와의 토크쇼'라는 행사가 열렸다. 이날 초청된 장수기업에는 61년 역사의 태양금속공업, 창립 48주년을 맞은 동신유압 등이 포함됐다.

장수기업 대표들이 참여한 만큼 당연히 가업 승계에 대한 문제도 논의됐다. 토론 중에 사회자가 경영 승계 과정에서 형제간 다툼 같은 분란을 없애려면 어떻게 해야 하느냐는 돌발 질문을 했다. 이때 나온 장수기업 대표들의 답변을 보면 최근 벌어지는 롯데그룹 '형제의 난'을 이해하는 단초와 해결 방안을 얻을 수 있다.

"제가 공장에서 15년 일했고 노조와의 분쟁도 해결했습니다. 그런데 갑자기 형이 나타나면서 대표이사로 가업을 승계했어요. 억울한 마음이 있었지만 어릴 때부터 장남과 차남에 대한 세뇌 교육을 받다 보니 참아야 할 것 같았습니다."

"형을 사장으로 선임했는데 시행착오가 몇 건 있었어요. 그러다 보니 선친께서 동생인 제게 회사를 맡겼지요."

"대표가 될 사람에게 라인이 생기기 마련입니다. 이들로 인해 싸움의 소지가 생기지요. 이럴 땐 직접 만나서 풀어가는 게 좋습니다."

"아니다 싶으면 자식이라도 버려야 합니다. 직원이 100명이 넘으면 공공기업이나 마찬가지입니다. 아들이라고 그냥 넘겨서는 안 되지요. 큰아들이라고 우선권을 행사하지 말아야 합니다. 그래야 집안이 행복하고 싸움이 나지 않습니다."

"선친께서는 큰아들부터 시집간 여동생까지 모두에게 똑같이 나눠주셨습니다. 이는 장단점이 있어요. 우선 공평하니까 좋습니다. 하지만 형제간에 위계질서가 없어집니다. 형을 우습게 보는 것이지요."

서로 다른 말을 하는 것 같지만 평화롭게 가업을 승계하고 공평하게 재산을 나누는 일이 얼마나 어려운 일인지 엿볼 수 있는 발언들이다. 아쉽게도 우리나라 재벌들은 대부분 이런 난제를 극복하지 못하고 크고 작은 분쟁을 일으켰다. 삼성과 현대, 금호, 효성 등 주요 그룹들이 여기에 해당된다. 롯데 창업자인 신격호 회장의 장남인 신동주 전 부회장과 차남인 신동빈 회장도 벼랑 끝 싸움을 벌이고 있다.

롯데그룹 형제의 난과 관련해 신격호 회장이 미리 후계자를 정해놓지 않아 생긴 분란이라는 지적이 많다. 판단력이 있을 때 승계자와 재산 분배를 명확하게 해뒀어야 하는데 90대 중반이 되도록 혼자 모든 것을 결정하려고 했던 신격호 회장의 노욕老慾 때문에 이런 사달이 벌어졌다는 얘기다. 하지만 더 깊게 보면 모든 가업 승계에서 분란의 원초적 원인 제공자는 '돈'이다. 황금은 아무리 끈끈한 관계도 파괴할 수 있는 위력을 갖고 있다.

어느 누구도 돈 앞에서는 초연하기 어렵다. 돈이 가족을 파괴하고 인간관계를 망치는 것은 우리 주변에서 흔히 벌어지는 일이다. 절친한 친구 사이였는데 돈거래를 하면서 서먹해지는가 하면 금슬 좋은 부부도 배우자가 자기 몰래 재산을 탕진하는 바람에 끝내 파국을 맞는다. 가족, 친지 중에 거액의 로또에 당첨되거나 예상하지 않았던 큰돈이 생기면서 화목했던 집안이 풍비박산되는 사건도 심심치 않게 발생한다.

돈에 대한 집착은 죽어서도 버리지 못한다는 것을 암시하는 우화가 있다. 탈무드에 나오는 '랍비의 거스름돈'이라는 이야기다. 돈에 집착하는 우리의 모습을 보는 것 같아 씁쓸한 뒷맛을 남긴다.

✎___유대인 노인이 죽음에 임박해 숨을 헐떡이며 아들에게 물었다.
"랍비가 나를 위해 기도해준다면 내가 천당에 들어갈 수 있을까?"
"그렇게 하면 반드시 천당에 가실 수 있을 겁니다."
"랍비를 부르려면 상당히 많은 사례금을 내야 하겠지?"

"천당에 가려면 1만 달러는 있어야 할 겁니다."

"그 정도면 확실히 천당에 갈 수 있을까?"

"물론입니다."

그러나 유대인은 안심이 되지 않아 다시 아들에게 말했다.

"아무래도 안 되겠다. 신부를 불러다오. 신부까지 기도를 해줘야 할 것 같다. 그에게도 1만 달러를 주면 될까? 혹시 유대교 천당에 자리가 없으면 가톨릭교의 천당에라도 가야겠다."

"예, 알겠습니다."

그래도 유대인은 불안했다.

"유대교도, 천주교도 천당의 문을 열어주지 않는다면 어떡하지?"

"그러면 기독교 목사도 부를까요?"

"그렇지, 이왕이면 기독교 목사도 불러다오. 그런데 목사에게는 얼마를 줘야 하지?"

"그에게도 1만 달러면 될 거예요."

그러자 유대인은 아깝다는 표정을 보이며 그렇게 하자고 말했다.

랍비와 신부, 목사가 모두 유대인의 집에 도착했다. 그들은 노인이 천당에 가게 해달라고 기도했다. 유대인은 그들의 기도를 들으며 최소한 한 종교가 마련하는 천당에는 갈 수 있을 것이라고 확신했다.

그런데 갑자기 유대인 노인이 눈을 번쩍 떴다. 모든 재산을 자녀들에게 다 주고 자신에게는 남은 게 없다는 생각이 떠올랐기 때문이었다. 그는 마지막 힘을 다해 소리를 질렀다.

"랍비님, 신부님, 목사님. 제가 여러분들에게 드릴 3만 달러를 빼고는 모든 재산을 자식들에게 줬습니다. 천당에선 돈이 필요 없을 테지만, 그래도 혹시 모르니 제가 드릴 돈 중에 각각 2,000달러씩 제 관 속에 넣어주세요."

이에 랍비와 신부와 목사는 그렇게 하겠다고 대답했다. 드디어 장례식 날이 됐다. 신부가 먼저 2,000달러를 관 속에 넣었다. 목사도 2,000달러를 넣었다. 이어 랍비도 관으로 천천히 다가와 안주머니에서 수표를 꺼내 6,000달러라고 적고는 그 수표를 관 속에 넣었다. 그리고 신부와 목사가 넣은 4,000달러를 가져갔다. 4,000달러는 수표 6,000달러의 거스름돈이었다. 결국 유대인 노인은 천당에 갈 때 현금을 한 푼도 가져갈 수 없었다.

서울가정법원에 따르면 상속재산 분할 사건 접수 건수는 2011년 154 건에서 2012년 183건, 2013년 200건, 2014년 266건으로 해가 갈수록 증가세를 보이고 있다. 부모가 남긴 상속재산을 두고 가족 간 다툼이 끊이지 않는다는 것을 의미한다.

돈은 잘 쓰면 사회를 발전시키고 인간관계를 회복하는 수단이 된다. 사회복지를 위해 쓰이는 세금이나 불우한 이웃들에게 전달되는 기부금이 대표적인 '선한 돈'이다. 하지만 돈에 대한 집착 때문에 돈을 잘 쓰는 일은 쉽지 않다. 분쟁의 도구로 전락한다면 돈은 결국 사람을 죽이고 배신하는 무기로 돌변한다.

15

허당 경영자와
악당 경영자

한 중견기업 회장이 이런 말을 한 적이 있다.

"대기업 고위 임원을 계열사의 대표로 영입했다가 정말 실망했어요. 학력이나 경력으로만 보면 회사에 큰 도움이 될 것 같았는데 결과적으로는 성과를 내지 못했죠. 처음엔 이것저것 새로운 것을 시도하며 변화의 바람을 몰고 오는 것 같았어요. 하지만 현장을 잘 모르고 있는데다 이기적인 성격 때문인지 나중엔 오히려 회사의 발전을 막는 장애물이 되고 말았지요."

이 말은 스펙과 실제 능력의 괴리에 대해 다시 생각해보게 만든다. 명문 대학을 나와 핵심 위치에서 오랜 기간 경력을 쌓았지만 막상 CEO

의 자리에 올랐을 때는 별다른 성과를 내지 못하는 사람들이 적지 않다. 용두사미인 이른바 허당형이다. 또 겉으로는 회사를 잘 이끄는 것 같은데 속으로는 자기 이익 챙기기에 급급한 경영자도 있다. 사기꾼 또는 악당형이다. 이런 자들이 기업을 맡으면 계속 적자를 볼 수밖에 없다.

허당형으로 꼽을 수 있는 인물은 다임러크라이슬러의 전 CEO였던 위르겐 슈렘프 회장과 1999년 휴렛패커드로 전격 영입된 칼리 피오리나 회장이다. 슈렘프 회장은 1998년 다임러 벤츠와 크라이슬러의 합병을 주도하며 뛰어난 경영자로 주목을 받았다. 그러나 합병 이후 두 회사의 장점을 결합해 시너지를 올리기는커녕 조직의 융합과 임원 인사를 둘러싸고 각종 잡음을 일으켰다. 더 심각한 점은 막대한 영업손실을 기록했다는 것이다. 합병 회사의 주가도 곤두박질치기 시작하며 그는 점점 궁지에 몰렸다. 결국 실적 부진과 글로벌 전략 실패 등에 대한 책임을 지고 2005년 자리에서 물러났다.

피오리나 회장은 미국의 명문대에서 인문학과 공학, 경영학을 공부한 수재였다. 그녀는 대형 통신사인 AT&T에서 다양한 업무를 수행하며 임원으로 승진했다. 휴렛패커드의 CEO로 영입되기 직전인 1998년에는 전도유망한 여성 CEO로 인구에 회자되기도 했다. 하지만 그녀는 휴렛패커드의 사령탑에서는 이름값을 하지 못했다. 각 사업부의 벽을 허물고 하나의 목표에 역량을 결집시키기 위해 대대적인 혁신에 나섰지만 역부족이었다.

자신의 뜻이 잘 관철되지 않자 피오리나 회장은 외부의 힘을 이용하는 방법을 택했다. 2001년 컴팩과 합병한 것이다. 이로써 휴렛패커드는 글로벌 1위 PC회사로 부상했다. 합병을 명분으로 피오리나 회장은 대규모 감원을 비롯한 혁신을 다시 추진했다. 그러나 그녀는 시장 가치와 실적이라는 가장 중요한 것을 놓쳤다. 합병으로 회사 덩치를 키우기에는 PC 경기가 좋지 않았다. 수익성을 높이기 위해 안간힘을 썼지만 시장의 흐름을 이길 수는 없었다. 피오리나 회장 역시 2005년 실적 부진과 회사 가치를 훼손했다는 불명예를 안고 사임했다.

자신의 이익만 챙기는 악당형 CEO는 더 많다. 1조 4,000억 원 규모의 분식회계가 밝혀지며 동반 퇴진한 일본 도시바의 최고경영진들을 비롯해 에너지회사 엔론을 파산시킨 제프리 스킬링, 리먼브라더스를 위기에 빠뜨린 리처드 펄드 같은 이들이 모두 여기에 속한다. 글로벌 보안시스템업체인 타이코의 전 CEO였던 데니스 코즐로스키는 회사 공금 횡령과 세금 포탈로 중형을 받았다. 그는 수많은 기업을 인수해 타이코의 덩치를 키운 공이 있지만 천문학적인 연봉을 받는가 하면 개인 아파트를 구입할 때도 회사 돈을 사용한 것으로 드러났다. 이외에도 여러 건의 공금 횡령이 사법당국에 의해 적발됐다. 또 그는 수백억 원에 달하는 미술품을 거래하면서 세금을 내지 않았고, 이런 잘못들을 숨기기 위해 장부를 조작하며 증거를 없앤 것으로 밝혀졌다.

이솝우화에는 동물들이 왕을 선출하는 과정을 소재로 하는 이야기가 많다. 이 중 '공작새와 까마귀'는, 겉만 화려하고 무능한 지도자가 끼칠 영향에 대해 이야기한다.

🖊___ 새들이 모여 왕을 뽑고 있었다. 그들은 각자 자신이 왕이 돼야 하는 이유를 자랑하며 오랫동안 토론을 벌였지만 결론을 내리지 못하고 있었다. 그때 화려한 깃털과 날개를 가진 공작새가 앞으로 나서며 말했다.

"새들의 왕이라면 아름다운 모습을 갖고 있어야 하지 않을까? 내 날개와 깃털을 봐. 이렇게 멋진 날개를 가진 새가 나 말고 또 어디 있겠니? 바로 내가 왕이 되어야 해."

공작새의 모습을 본 새들은 고개를 끄덕이며 공작새를 왕으로 뽑으려 했다. 바로 그때 까마귀가 나서며 공작새를 보고 큰 소리로 외쳤다.

"네가 왕이 되면 독사와 표범 같은 맹수들이 공격할 때 어떻게 보호해줄 수 있지?"

이 질문에 공작새는 대답을 하지 못했다. 그러자 새들은 공작새를 왕으로 추대하는 것을 그만두었다.

다음은 '늑대와 나귀'라는 우화로, 자신은 한 치의 손해도 보지 않으려는 이기적인 경영자를 생각하게 만든다.

🖊___ 왕 노릇을 하던 늑대가 어느 날 사람들이 파놓은 함정에 빠져 죽고 말았다. 그러자 늑대들은 새로운 지도자를 뽑기 위해 회의를 열었다. 왕이 될 늑대는 현명할 뿐 아니라 강하고 사냥도 잘해야 했다. 다행히 이런 능력을 가진 젊은 늑대가 있었다. 왕이 된 늑대는 취임식에서 규칙을 발표했다.

"앞으로 사냥해서 잡은 먹이는 공평하게 나눈다."

이 명령이 지켜진다면 늑대들은 서로 싸울 필요가 없었다. 숲 속에 평화의 시대가 열리는 셈이었다. 모든 늑대들이 새 지도자의 말에 찬성했다. 그때 이 모습을 지켜보던 나이 든 늑대 한 마리가 왕이 된 늑대에게 큰 소리로 물었다.

"참으로 훌륭한 규칙입니다. 그렇다면 왕인 당신이 어제 잡아 동굴 속에 숨겨 놓은 먹이는 어떻게 하려고 합니까? 그것부터 공평하게 나눠야 새로운 규칙이 자리 잡지 않을까요?"

이 말을 들은 젊은 늑대 왕은 당황했다. 그리고 바로 새 규칙을 백지화했다.

공작새처럼 겉만 화려하고 능력 없는 사람, 젊은 늑대와 같은 이기적인 인간은 처음부터 CEO의 자리에 앉히지 않는 게 가장 좋다. 하지만 현실에서는 쉽지 않은 일이다. 그들은 본색을 숨기는 데도 탁월하기 때문이다. 회사 대표나 CEO를 선임하는 이사회 멤버, 혹은 기업 회장의 혜안이 중요한 이유다.

포기할 것은 포기하라

'선택과 집중'은 경영학에서 매우 중요한 원칙 중 하나다. 말은 쉬워도 현장에서 이를 제대로 실천하기란 여간 어려운 일이 아니다. 크게 성공한 사업가들조차 한순간에 실패하는 경우가 많은데, 그 원인을 보면 상당수가 선택과 집중을 소홀히 했거나 연관 없는 비즈니스에 마구잡이로 진출했던 경우가 많다. 윤석금 웅진그룹 회장, 강덕수 전 STX그룹 회장, 김준기 동부그룹 회장, 좀 더 과거로 거슬러 올라가 보면 김우중 대우그룹 회장 등이 바로 여기에 해당된다.

이들 중 김우중 회장의 사례를 보자. 김 회장은 강인한 의지를 가진 경영자다. 자신이 해야 할 일이 무엇인지 정확히 알고 있었던 그는 청소년기부터 독학으로 공부해 불우한 환경을 극복하고 경기고, 연세대에 들어갔다.

대학 졸업 후 약 7년간 직장인으로 생활하다가 30대 초반에 대우실업을 창업했다. 외국에서 상품을 파는 데 발군의 실력을 발휘한 김 회장은 비교적 짧은 기간에 많은 돈을 벌었다. 그리고 그 자금으로 건설과 금융, 전자, 조선 등 다른 분야로 사업을 확장했다. 그는 사업을 시작한 지 10년도 안 돼 1억 달러 이상을 수출하는 대기업가로 부상했다. 1980년대 들어서는 그룹 형태의 기업집단을 만들어 기존 재벌과 어깨를 나란히 하는 반열에 올랐고, 새한자동차를 손에 넣으면서 현대, 삼성, LG, SK와 같은 5대 그룹으로 도약했다. 그의 삶은 말 그대로 '신화창조'였다.

대우그룹이 성장 가도를 달렸던 1980년대 후반에서 1990년대 중반까지 그는 '세계경영'으로 조명받았고 한때 재계 2위까지 올라서는 기염을 토했다. 베트남과 폴란드 등 대우가 진출한 국가에서 김 회장은 신神과 같은 존재였다. 그는 분야와 지역을 가리지 않고 확장에 여념이 없었다. 그것이 김우중과 대우를 만든 원동력이라고 생각했다.

하지만 1997년 외환위기를 계기로 그것이 과욕이었다는 사실이 드러나고 말았다. 다른 그룹과 마찬가지로 김 회장도 과도한 차입경영에 의존하고 있었다. 당시 정부 주도로 대기업들이 구조조정에 나섰지만 김 회장은 포기할 것을 빨리 포기하지 못하는 바람에 회생할 기회를 놓쳤다. 김 회장은 아직 건재한 다른 재벌들과 비교할 때 정부가 과도한 요구를 했다고 주장하지만 과거 성공에 대한 환상과 욕심을 버리지 못한 것도 몰락의 원인을 제공했다.

김 회장이 남긴 업적을 무시할 수는 없다. 그러나 무엇인가 희생하지 않으면 얻기도 쉽지 않다는 보편적 진리를 경영 현장에서 실천하지 못한 것은 실책이다. 재물을 포기하지 않으려는 본능이 그것을 막았기 때문일 것이다.

지나친 욕심 때문에 결국 다 잃게 된다는 교훈을 주는 우화들은 많다. 다음에 소개할 이솝우화의 사자와 나귀는 덜 일하고, 더 많이 갖고자 하는 우리의 본성을 돌아보게 만든다. 먼저 '사자와 토끼'라는 우화다.

✎　사자 한 마리가 풀 숲에 잠들어 있는 토끼 한 마리를 발견했다. 배가 고팠던 사자는 토끼를 사냥하려고 조심조심 다가갔다. 그런데 마침 나무 아래서 풀을 뜯고 있는 사슴이 눈에 띄었다.
"토끼보다는 사슴이 더 크고 고기도 맛있지. 토끼는 나중에 잡고 우선 사슴부터 사냥하자."
이런 생각을 하며 사자는 누워 있는 토끼 대신 사슴을 쫓기 시작했지만, 발이 빠른 사슴을 잡지 못했다.
사냥에 실패한 사자는 다시 토끼가 있는 곳으로 가봤다. 그러나 토끼는 잠이 깨 이미 도망간 뒤였다. 사자는 큰 욕심을 부리다가 손안에 있는 먹이를 놓쳤다고 후회했지만 아무 소용이 없었다.

다음은 '나귀와 노새'라는 이야기다.

✎   상인 한 명이 나귀와 노새에게 똑같이 무거운 짐을 지우고 먼 시장을 가고 있었다. 나귀는 노새보다 힘이 약한 자신에게 항상 똑같은 무게의 짐을 지우는 상인이 불만이었다.

"노새는 나보다 두 배나 더 힘이 좋은데 똑같은 짐을 분담하게 하는 것은 공평하지 않아."

마침 나귀가 힘들어하는 것을 본 상인은 나귀가 지고 있던 짐을 노새에게 옮겨 실었다. 노새는 더 무거운 짐을 지고도 묵묵하게 갈 길을 갔다. 길을 가다가 나귀는 더욱 지친 모습을 보였다. 상인은 나귀가 더 이상 버티지 못할 것이라 생각해 나귀의 짐을 다시 노새에게 옮겼다. 그 뒤에도 나귀의 걸음은 계속 늦어졌고, 결국 나머지 짐을 노새가 전부 부담하게 됐다. 그럼에도 노새는 불평하지 않고 계속 걸었다. 시장에 도착한 상인은 나귀에게 주는 먹이의 두 배를 노새에게 줬다. 이를 본 나귀가 불만을 토로하자 노새가 말했다.

"불평하지 말게나. 아직도 내가 자네보다 두 배의 먹이를 먹는 이유를 모른단 말인가?"

'세상에 공짜는 없다'는 말이 있다. 모든 것을 다 가질 수는 없다는 뜻이다. 이것저것 다 가진 사람 같지만 자세한 내막을 알아보면 무엇인가 희생하는 게 있다. 그것은 시간일 수도 있고, 가족일 수도 있고, 좋은 기회일 수도 있다. 그래서 '선택과 집중'이 필요한 것이다. 사실 선택과 집중은 자신이 의도하지 않아도 진행되기 마련이다. 그것이 인생이고 세상의 일이다. 의식하지 못하는 사이에 선택과 집중이 이루어지면 낭패를 보기 십상인 반면, 미리 포기할 것을 정해놓고 반드시 필요하다고 생각되는 것에 주력하면 위기를 피할 수 있는 확률이 높아진다.

17

남 좋은 일만
시키고 싶다면?

　2011년 11월 증권가에서는 이상한 사건이 하나 터졌다. 대신증권을 비롯해 12개 증권사 대표를 잠재적 범죄자로 낙인찍었던 주식워런트증권ELW 소송이 그것이다. 전문투자자인 스캘퍼초단타 매매자와 증권사의 결탁을 폭로했다는 매력적인 주제로 세간의 주목을 받았지만 문제를 제기한 담당 검사가 로펌으로 이직하면서 용두사미가 돼버렸다. 내용이 너무 전문적이어서 검찰은 죄를 증명하느라 혼이 났다. 결국 이 소송은 검찰의 완패로 끝났다. 증권사 대표들 모두가 무죄 선고를 받았던 것이다.

　증권사와 검찰이 ELW라는 어려운 상품을 놓고 공방을 벌이는 동안 배를 불린 곳이 있었다. 바로 로펌들이다. 증권사들은 대표의 무죄를 증명하기 위해 대형 로펌에 막대한 돈을 주고 사건을 맡겼다. 12개 증권사가 각각 적게는 수억 원에서 많게는 수십억 원의 돈을 소송비용으로 사용했으니 로펌은 짭짤한 수익을 올렸을 것이다. 말 그대로 어부지리漁夫之利를 얻은 셈이다.

비슷한 시기에 벌어진 삼성과 CJ의 유산 상속 소송도 구조가 대동소이하다. 이재용 삼성 부회장의 큰아버지이자 이재현 CJ 회장의 부친인 이맹희 전 제일비료 회장은 이건희 삼성 회장을 상대로 주식 인도 청구 소송을 제기했다. 아버지인 이병철 회장이 임직원 명의로 보관했던 삼성생명과 삼성전자 주식 중 일부가 자신의 몫이었는데 이건희 회장이 가로챘다는 것이 소송의 근거였다. 청구 금액이 1조 원에 달해 이맹희 전 회장 측이 승소하면 삼성그룹이 휘청거릴 수도 있는 대형 소송이었다.

범 삼성가는 이 소송에서 두 쪽으로 갈려 이전투구泥田鬪狗하는 양상을 보였고, 이건희 회장은 이례적으로 기자들 앞에서 이맹희 전 회장을 비난하는 발언을 하기도 했다. 한국 대표 재벌가의 민낯을 그대로 드러냈다는 점에서 국민들의 마음은 편치 않았다. 하지만 이런 상황에서도 속으로 웃는 자들이 있었다. 로펌들이었다. 양쪽 소송을 맡은 로펌들은 막대한 액수의 수임료를 기대하며 즐거워했다. 소송가액의 1%만 받아도 수십억 원에 달했을 것으로 추정된다. 소송은 이맹희 전 회장 측이 1심과 2심에서 모두 패소한 뒤 대법원에 상고하지 않고 마무리됐다. 주목을 받았던 것치고는 비교적 조용하게 끝난 편이다. 그렇다 해도 양쪽 로펌이 챙긴 수임료는 적지 않았을 것이다. 패소한 CJ도, 승소한 삼성도 상처를 남긴 채 로펌의 수익만 올려주면서 어부지리의 또 다른 사례를 남기고 말았다.

어부지리라는 사자성어는 《전국책》에서 외교전문가인 종횡가의 대표자 소진의 아우 소대가 조나라 왕을 설득하는 장면에 등장한다.

✎＿조나라의 왕이 인접국인 연나라를 치려고 했다. 연나라 왕의 부탁을 받은 소대는 조나라 왕에게 이렇게 설득했다.

"조나라로 오는 도중에 강을 건너는데 마침 조개가 강변에서 입을 벌리고 햇볕을 쬐고 있었지요. 그때 황새 한 마리가 입을 벌리고 있는 조개를 향해 부리를 내밀었습니다. 조갯살을 먹으려 했던 것이지요. 조개는 깜짝 놀라 입을 확 닫았습니다. 결국 황새의 주둥이와 조개의 입이 물고 물리는 모습이 됐습니다. 조개는 자신이 입을 벌리지 않으면 황새가 죽게 될 것이라 생각했고, 황새는 시간이 지나면 조개가 말라버릴 것이라 예상했습니다. 그렇게 오랜 기간 버티고 있는데 이때 어부가 지나가다가 얼씨구나 하고 황새와 조개를 모두 망태 속에 집어넣었습니다. 어부만 이익을 본 것이지요. 지금 조나라가 연나라를 공격해 장기전이 된다면 강국인 진나라가 어부가 되지 않겠습니까? 그것이 염려될 뿐입니다. 왕께서는 깊이 생각해 결정해주시기 바랍니다."

소대의 비유가 타당하다고 여긴 조나라 왕은 연나라를 칠 계획을 철회했다. 우화로 전쟁을 막은 사례이자 서로 싸우다가 제3자만 이익을 본다는 교훈을 남긴 기록이다. 이솝을 비롯한 수많은 우화 작가들도 비슷한 이야기를 전하고 있다. 라퐁텐의 '굴과 두 소송인'도 그중 하나다.

🖋___두 여행자가 해변을 걷다가 굴을 발견했다. 두 사람은 그것을 보자 침을 삼켰다. 한 여행자가 굴을 줍기 위해 몸을 숙이자 다른 사람이 밀치면서 말했다.

"우리 중에 누가 굴을 먹을 것인지 먼저 결정하는 게 좋을 것 같아. 내 생각엔 그 굴을 먼저 발견한 사람이 먹을 권리가 있어. 내가 먼저 봤으니 내가 먹는 것이 맞아."

"글쎄, 그렇지 않을걸. 내 시력은 자네가 생각한 것보다 훨씬 좋다네."

"나도 눈이 나쁘지는 않아."

"하늘에 맹세코 내가 자네보다 먼저 굴을 발견했어."

"자네가 봤다고 해도 냄새를 먼저 맡은 사람은 나야."

이렇게 싸우고 있는데 한 농부가 그곳을 지났다. 둘은 농부에게 판결을 맡겼다. 농부는 잠시 생각하더니 진지하게 굴을 깠다. 그리고 굴을 재빨리 입에 넣었다. 두 여행자는 어이가 없다는 표정으로 농부를 쳐다봤다. 굴맛을 본 농부는 재판관의 말투를 흉내 내며 이렇게 선고했다.

"잘 듣게나. 본 법정은 두 사람에게 각각 굴 껍질 하나씩을 주겠노라. 소송비는 굴로 대신했으니 신경 쓰지 않아도 된다. 자, 이제 각자 껍질을 하나씩 들고 평화롭게 가던 길을 가거라."

기업을 경영하다 보면 불가피하게 소송을 벌여야 할 때가 있다. 삼성과 애플의 특허 소송이 대표적이다. 처음엔 작은 소송으로 시작됐다가 감정싸움으로 확대되면서 비용이 눈덩이처럼 불었다. 거의 모든 법정다툼이 이런 식으로 전개된다. 그러다 보니 소송에 휘말린 기업은 대부분 끝이 좋지 않다.

삼성과 애플 같은 초대형 기업도 소송비용으로 경영이 힘들어질 수 있다. 소송 당사자는 실익이 없고 판을 벌인 로펌들만 이익을 챙기는 어부지리의 역사가 반복되는 것이다. 가급적 소송이 벌어지지 않도록 만반의 준비를 하는 것도 슬기로운 경영자가 되는 덕목이 아닐까.

18

사업가의 세 친구

"하루라도 빨리 기부하고 싶어서 연금을 앞당겨 받을 수 있도록 했습니다. 지원 대상은 초록우산어린이재단이 맡아 선정하기로 했습니다. 연말에 많은 돈을 몰아서 기부하는 것도 좋지만 적은 금액이라도 지속적으로 불우한 아이들에게 가는 게 좋다고 생각했어요. 대기업 총수를 비롯해 더 많은 기업인들이 형식적인 기부가 아니라 정말 마음 깊은 곳에서 우러나오는 진심을 갖고 이웃 돕는 일에 앞장섰으면 좋겠어요."

충청남도의 한 시골 마을에서 태어난 김명환 덕신하우징 회장은 너무 가난했던 탓에 학교를 제대로 다니지 못하고 어린 시절과 청소년기를 보냈다. 그렇게 고향에서 농사를 짓다가 20대에 도시로 나와 건설 현장의 노동자로 일을 시작했다. 그러다가 우연히 한 건자재업체에 취직하면서 인생이 바뀌었다. 건자재 유통에 눈을 뜨며 사업 기회를 찾았던 것이다.

누구보다 열심히 일했던 김 회장은 차근차근 돈을 모았고 30대부터 작은 사업을 시작했다. 여러 차례 위기도 있었지만 그의 회사는 꾸준히 성장했고 2014년에는 주식 시장 입성에도 성공했다. 현재 덕신하우징은 건축용 데크플레이트 분야에서 선두를 달리며 연 매출 1,000억 원을 훌쩍 넘기는 중견기업으로 자리 잡았다.

김 회장은 인터뷰할 때마다 입버릇처럼 유한양행 창업자인 유일한 박사를 가장 존경한다고 말한다. 유일한 박사의 기업관을 계승하겠다는 의지의 다른 표현이었다. 기업은 단순히 돈을 버는 곳이 아니라 반드시 불우한 이웃을 돕는 수단이 되어야 한다는 게 김 회장의 신념이다. 그는 특히 어려운 환경에 있는 아이들에게 큰 관심을 두고 있다. 연금을 포기하겠다는 기발한 착상도 불우한 아이들을 한 명이라도 더 지원하는 방법은 없을까 궁리하다가 나온 것이다. 김 회장은 "기업의 존재 이유는 더 많은 사람들이 이익을 나눌 수 있도록 하는 것"이라며 "회사를 자식에게 물려주지 않겠다는 결심도 이런 생각에서 출발했다"고 귀띔했다.

그러나 이런 사례는 극히 예외적이다. 대부분의 기업가들은 이익의 사회 환원보다는 더 많은 재산을 모으거나 부를 대물림하는 것에 관심을 갖는다. 재계에서 이슈가 됐던 삼성과 미국의 헤지펀드 엘리엇 매니지먼트의 분쟁도 겉으로는 합병 시너지와 주주의 이익을 운운했지만 따지고 보면 더 많은 이익을 독점하기 위한 욕심에서 비롯된 것이었다.

삼성그룹은 계열사들의 지배 구조를 바꿔 이재용 부회장의 승계를 원활하게 하려는 목적을, 엘리엇 매니지먼트는 수단과 방법을 가리지 않고 더 많은 수익을 올리려는 속셈을 갖고 있었다. 그렇기 때문에 이 사건의 본질은 '부의 대물림과 부에 대한 탐욕의 맞대결'로 볼 수 있다. 물론 개인의 능력이 존중되고 사적 소유를 당연한 권리로 인정하는 자본주의 사회에서 이런 세태를 나무랄 수는 없다. 하지만 과연 그것이 기업을 경영하는 유일한 이유일까?

탈무드에 나오는 '세 친구'는 기업인이 어떤 친구를 곁에 둬야 하는지 다시 생각해보게 만드는 우화다.

어느 날 한 사람이 왕으로부터 소환장을 받았다. 그는 두려운 마음에 친한 친구를 찾아 함께 왕에게 가고자 했다. 그에게는 평소 친하게 지내던 친구가 세 명 있었다. 첫 번째는 그가 이 세상에 둘도 없는 사람이라고 생각할 만큼 소중하게 여기는 친구였다. 두 번째는 첫 번째 친구만큼은 아니지만 위급한 일이 있으면 언제든지 도와줄 것이라고 믿는 친구였다. 세 번째는 호감을 갖고 있기는 하지만 평소 관심을 많이 두지 않았던 친구였다.

그는 먼저 첫 번째 친구에게 자초지종을 설명한 뒤 동행해달라고 부탁했다. 그런데 반응이 의외였다. 그 친구는 아무 말도 하지 않고 그의 요청을 거절했다. 낙심한 그는 어쩔 수 없이 두 번째 친구를 찾았다. 그 친구는 바로 거절하지는 않았지만 조건을 달았다.

"왕궁의 문 앞까지만 함께 가주겠네. 그러나 안으로 들어가 왕을 만나는

곳까지 같이 가는 것은 곤란하네."

두 친구에게 실망한 그는 세 번째 친구에게도 똑같은 요청을 했다. 그러

자 그 친구는 기쁜 표정으로 대답했다.

"좋아. 자네는 나쁜 짓을 하지 않았잖아? 왕 앞에서 두려워할 필요가 없

네. 만약 왕이 뭐라고 하면 내가 대신 자네에겐 아무 잘못이 없고 착하게

살았다고 말해주겠네."

그렇다면 세 친구는 인생의 무엇에 대해 비유한 것일까? 첫 번째 친

구는 재산이다. 재산은 죽을 때 아무런 도움이 되지 못한다. 두 번째 친

구는 친척이다. 무덤까지는 함께 따라가지만 장례를 끝내면 나를 남겨

둔 채 돌아간다. 끝으로 세 번째 친구는 선행이다. 선행은 평소에는 주

목받지 못하지만 죽은 뒤에는 영원히 남아 인구에 회자되는 법이다.

기업인에게 세 친구는 각각 무엇을 뜻할까? 탈무드의 주인공과 마찬

가지로 첫 번째 친구는 재물이다. 회사의 매출과 이익, 자산 같은 것을

의미한다. 두 번째 친구는 친척과 더불어 사업하면서 만난 사람들이다.

거래업체 관계자와 임직원, 고객들이 사업가의 두 번째 친구들이다. 세

번째 친구는 회사를 지속 가능하게 만드는 기업가 정신과 사회에 대한

기여, 이웃에 대한 사랑과 세계 평화를 위한 노력이라고 할 수 있다. 이

런 무형의 자산은 죽어서까지 기업인을 존경하게 만든다는 점에서 탈무

드 속 선행과 의미가 같다. 잘 먹고 잘 살겠다는 기본 욕망만 채워주는 회사가 아니라 인류 번영과 사회의 지속성에 도움이 되는 기업을 남기려 한다면 생각해봐야 할 대목이다.

19 🚶

'알박기'와 가죽장이

대규모 부동산 개발 사업을 막는 장애물 중 하나가 이른바 '알박기'다. 대규모 개발 부지의 일부 땅을 가진 소유자가 시세보다 훨씬 많은 금액을 요구하거나 토지 매각을 거부할 때 생긴다. 재개발을 추진하다가 알박기 때문에 공사가 지연되는 사례는 다반사다. 기업이 공장이나 연수원을 건립하려다가 알박기에 걸려 설계도를 수정하거나 예상하지 못한 추가 예산이 투입되는 일도 적지 않다.

상식적으로 보면 알박기는 분명 파렴치한 행위다. 개발지의 대부분을 매입하면 알박기 땅을 강제로 매수할 수 있도록 법이 개정된 것도 이런 인식에서 비롯됐다. 물론 모든 알박기에 '부당이득' 죄가 적용되는 것은 아니다. 2009년 1월 화제가 됐던 K씨의 사례가 여기에 속한다. 그는 1991년 울산시 반구동에 소규모로 땅을 매입해 주택을 짓고 5년가량 살았다. 그 후 다른 곳으로 이사했지만 반구동 주택 부지를 그대로 소유하고 있었다. 세월이 흘러 2005년 K씨의 땅이 재개발 사업지로 지정됐다. 그는 이 사실을 알고 나서 가격을 대폭 올린 18억 5,000만 원에 팔았다. 시세의 40배가 넘는 액수였다. 이에 사업자는 검찰에 K씨를 고발했다. 알박기로 부당이익을 취한 것으로 기소된 그는 1, 2심에서 모두 패소했다. 하지만 대법원은 재개발이 시작되기 오래전부터 땅을 보유하고 있었다는 사실을 근거로 무죄 판결을 내렸다.

K씨처럼 어쩌다 보니 알박기 땅을 보유한 경우도 있지만 아예 처음부터 일확천금의 욕심으로 알박기를 악용하는 인간도 적지 않다. 알박기를 누구보다 잘 알고 있는 일부 부동산 시행업자들이 대표적이다. 이들은 개발 예정지에 대한 정보를 미리 획득한 뒤 해당 지역의 부지 일부를 매입해놓는다. 개인과 달리 법인 명의로 알박기가 돼 있으면 개발 사업자가 강제로 그 땅을 매입하기 어렵다는 점을 노린 것이다.

하지만 알박기로 탐욕을 채우려다 결국 아무것도 얻지 못하는 사례가 더 많다. 2014년 11월 대법원은 다음과 같은 판결을 내려 알박기를 시도하려는 사람들에게 경고를 줬다. 내막은 이렇다.

경상남도 남해에 있는 한 콘도 진입로에 주변 경관과 전혀 어울리지 않는 철제 구조물이 설치된다. 이게 소송의 발단이 됐다. 콘도가 처음 생겼을 때는 운영권을 가진 사람과 땅 소유주가 혈연관계였기 때문에 문제가 되지 않았다. 그러나 운영권과 토지가 각각 다른 사람에게 넘어가면서 갈등이 빚어졌다. 이 과정에서 토지 소유주는 철제 구조물로 콘도 진입을 불편하게 만들었다. 콘도 사업자는 구조물 설치로 운영에 차질이 생기자 토지 소유주에게 시세의 몇 배나 되는 금액을 제시하며 해당 부지의 매각을 요청했다.

하지만 토지 소유주는 이를 거절했다. 더 큰돈을 뜯어내기 위해서였다. 결국 구조물 철거 소송이 시작됐다. 1심과 2심에서는 구조물이 토지의 무단 이용을 막기 위한 것이라는 취지의 판결이 나왔다. 알박기를 노린 토지 소유주의 손을 들어준 것이다. 그러나 대법원은 콘도 사용과 수익을 방해하려는 목적에 방점을 찍었다. 토주 소유주가 권리를 남용했다고 본 셈이다. 대법원의 판결에 따라 토지 소유주는 구조물을 철거할 수밖에 없었다.

이솝우화 '부자와 가죽장이'에는 알박기 심보로 한탕을 노리다가 아무것도 얻지 못하는 인간이 등장한다. 과도한 욕심이 어떤 결과를 낳는지 경고하는 이야기다.

어떤 마을에 부자가 살았는데, 어느 날 그의 옆집에 가죽장이가 이사 왔다. 그는 동물의 껍질을 다듬어 가죽을 만들었다. 문제는 가죽을 만들 때 풍기는 악취였다. 동물 가죽을 벗길 때 나는 역겨운 냄새를 더 이상 견딜 수 없었던 부자는 가죽장이를 찾아가 말했다.

"이보게. 미안하지만 다른 곳으로 이사를 가게. 그렇게 해준다면 많은 은

화를 주겠네."

이 얘기를 들은 가죽장이는 잔머리를 굴렸다. 조금만 더 버티면 큰돈을 벌 수 있으리라 생각했던 것이다. 그렇게 몇 주가 지났다. 가죽장이는 부자가 더 많은 돈을 들고 다시 찾아오길 기다렸지만 감감무소식이었다. 가죽장이는 부자가 어떻게 참고 있는지 궁금해서 옆집 문을 두드렸다. 그는 부자에게 물었다.

"얼마 전에 저를 찾아와 이사를 하면 은화를 주겠다고 하셨지요? 오래 생각해봤는데 아무래도 그렇게 하는 게 도리인 것 같아서 왔습니다. 물론 은화를 주신다면 말입니다."

이 말을 듣고 부자는 큰 소리로 웃으며 대답했다.

"이젠 그럴 필요가 없어졌네. 처음엔 가죽 냄새 때문에 머리가 아파 견딜 수 없었지만 계속 냄새를 맡다 보니 참을 수 있게 됐어. 지금은 아무렇지도 않다네. 그러니 신경 쓰지 말고 자네 일이나 열심히 하게."

사업을 하다 보면 최소한 한 번은 변칙적인 방법으로 쉽게 돈 벌 수 있는 기회가 생긴다. 그러나 그 사정을 자세히 살펴보면 반드시 피해를 보는 곳이 있다. 세상에 공짜는 없는 법이다. 행운과 불행은 동전의 앞뒷면과 같다. 복권 당첨자 중 상당수가 큰 행운을 감당하지 못하고 결국 불행에 빠지는 것도 같은 원리다. 더 큰 욕심이나 욕망을 이기지 못하고 삶을 망치는 것이다.

내가 의도하지 않았는데 큰돈을 벌게 된다면 먼저 의심부터 하는 것이 현명하다. 그 안에 어떤 위험이 도사리고 있는지 꼼꼼하게 살펴야 하는 것이다. 조금이라도 부당하거나 불투명한 요소가 있다면 과감하게 포기하는 것이 결과적으로 더 좋을 수 있다. 보유하고 있는 땅이 알박기 조건을 갖추고 있다고 해도 상식 수준의 가격으로 매각하는 것이 길게 보고 사업하는 경영자의 태도다.

20

어미 종달새의
통찰력

삼성이 반도체 사업을 시작하고 약 4년이 지난 1987년 초 이병철 회장과 임원들 사이에 신경전이 벌어졌다. 발단은 기흥에 반도체 3라인을 빨리 완성하라는 이 회장의 지시에서 비롯됐다. 이에 대해 대부분의 임원들은 너무 위험한 투자라고 생각해 의도적으로 공사를 지연시켰다. 반도체 부문의 계속된 적자와 사업이 언제 빛을 볼지도 알 수 없는 상황에서 또 생산라인을 건설하는 것은 삼성 전체를 수렁에 빠뜨릴 수도 있는 일이었다. 당시 삼성 반도체 망국론까지 나올 정도였으니 임원들의 태업은 오히려 회사를 살리려는 애사심의 발로였다.

그러나 이 회장은 눈앞에 벌어지고 있는 반도체 시장 너머를 보고 있었다. 미국과 일본 반도체업체들의 저가 출혈 경쟁으로 시장이 망가지고 있었지만 이것이 삼성에 큰 기회를 줄 것이라 생각했다. 고희의 나이가 훌쩍 넘은 노老사업가는 건강이 좋지 않았음에도 기공식 날을 정해놓고 그때 자신이 참석할 테니 준비하라고 명령했다. 임원들은 어쩔 수 없이 그날에 맞춰 착공식을 갖고 공사에 들어갔다.

이 회장의 예측이 맞았다는 사실이 확인되기까지는 오래 걸리지 않았다. 해가 바뀌기도 전에 메모리반도체 수요가 증가하면서 가격이 반등했다. 그러나 이것은 삼성 반도체 성공 신화의 서막에 불과했다. 이병철 회장은 이를 보지 못하고 세상을 떠났지만 그가 지핀 불씨는 거대한 불길이 돼 삼성뿐 아니라 한국을 반도체 강국으로 우뚝 서게 만들었다.

이 회장은 가전과 전자제품이 진화하면서 반도체 시장도 커질 것으로 확신했다. 이런 큰 흐름에 비하면 미국과 일본 업체의 치열한 경쟁으로 인한 반도체 가격 급락은 일시적인 현상이라고 봤다. 《호암자전》에서 그는 이렇게 쓰고 있다.

"우리 주변의 모든 분야에서 자동화, 다기능화, 소형화가 급속히 추진되고 여기에 필수적으로 사용되는 반도체 비중이 점차 커져, 국가경쟁력을 확보하기 위해서는 피나는 반도체 개발 전쟁에 참여해야만 한다. 반도체는 제철이나 쌀과 같은 것이어서 반도체 없는 나라는 고등 기술의 발전이 있을 수 없다."

그의 예언은 그대로 맞아떨어져 1980년대 후반부터 꽃피우기 시작한 반도체산업은 1990년대 PC가 폭발적으로 보급되면서 급팽창했다. 사실 이병철 회장은 반도체 투자 이전부터 현상 너머에 있는 메가트렌드를 응시하는 눈을 갖고 있었다. 한국전쟁이 끝난 직후 제일제당 설립을 구상했을 때도 그랬다. 거의 모든 산업의 기반이 없었던 상황에서 기존 무역업을 하기도 쉽지 않았음에도 굳이 제조공장을 세우려 했던 것이다. 주변에서는 이를 극구 말렸지만 결국 이 회장의 제일제당은 폭증하는 설탕 수요로 승승장구했다.

이 회장의 정확한 판단은 때가 무르익고 있다는 통찰에서 비롯됐다. 세상에 대한 세심한 관찰과 사색이 이를 가능하게 만들었다. 특히 사람들이 어떻게 살고 있는지, 무엇을 생각하고 있는지 깊이 연구했다. 이솝 우화 '농부와 종달새'에 등장하는 어미 종달새는 이 회장과 비슷한 통찰력이 무엇인지 깨닫게 해주는 이야기다.

✎ ___종달새 한 마리가 보리밭에 둥지를 틀었다. 새끼들이 태어나고 보리가 누렇게 익어 수확할 날이 점점 다가왔다. 어미 종달새는 먹이를 구하러 나갈 때마다 새끼들에게 농부가 와서 무슨 말을 했는지 잘 듣고 전해달라고 당부했다. 하루는 농부가 아들을 데리고 보리밭으로 와서 말했다.
"보리가 잘 익었네. 내일은 이웃 사람들을 불러 보리를 베야겠다."
종달새 새끼들은 어미가 돌아왔을 때 농부가 한 말을 잊지 않고 전했다. 농부가 이웃들과 함께 보리를 베면 둥지가 사라질 것인데도 어미 종달새는 아무렇지 않은 표정을 지으며 걱정하지 않아도 된다고 말했다. 다음 날 농부는 다시 아들과 함께 밭으로 왔다.

"보리가 점점 더 익어가는군. 이웃들만 믿고 있다가는 안 되겠다. 내일은 친구들을 불러서 반드시 보리를 베야 할 것 같아."

새끼들은 다시 어미 종달새에게 낮에 들었던 농부의 말을 전했다. 그러자 어미 종달새는 내일도 별일이 없을 것이라며 새끼들을 안심시켰다. 다음 날 농부는 친구들과 함께 오지 않고 다시 아들하고만 밭으로 나와 한숨을 쉬며 말했다.

"이러다가는 정말 안 되겠는걸. 내일은 반드시 보리를 베야겠어. 이웃과 친구들을 믿지 말고 내일은 우리가 직접 보리를 베도록 하자."

농부의 이 말을 새끼 종달새는 어미에게 그대로 전했다. 이 얘기를 듣고 나서 어미 종달새는 심각한 표정을 짓더니 새끼들에게 말했다.

"이젠 정말 떠나야겠다. 남을 믿지 않고 자신이 직접 보리를 베려는 것을 보니 내일은 정말 작업을 할 모양이다. 둥지가 없어지기 전에 떠나도록 하자."

때가 무르익었는지 판단하는 통찰력은 단번에 생기는 것이 아니다. 절실한 마음과 관심으로 오랜 기간 관찰하고 생각하는 수고가 전제돼야 한다. 남에게 자신의 일을 미루면 결국 일이 진척되지 않는다는 깨달음을 어미 종달새는 많은 경험을 통해 습득했을 것이다.

이병철 회장 역시 여러 시장 참여자들의 동향과 그것으로 인한 역학 관계를 세밀한 것까지 놓치지 않고 관찰하고 연구하면서 신사업 시기를 정확하게 읽는 능력이 생기지 않았을까. 뛰어난 경영자가 되려면 보리를 베겠다는 술어에 집중해 농부의 진심을 읽지 못한 새끼 종달새가 아니라 누가 정말로 보리를 벨 것인지 주어를 보고 앞으로 일어날 일을 전망하는 어미 종달새의 지혜가 필요하다. 요즘처럼 현상과 본질을 구분하기 힘든 시대에는 더욱 그렇다.

21

랍비는 왜 반지를
왕비에게 돌려주지 않았을까?

　한 지방자치단체가 직원들을 대상으로 업무 환경 관련 설문조사를 실시했다. 다양한 항목 중에 눈길을 끄는 결과가 있었다. 소통장애 요인을 묻는 질문에 절대적으로 많은 사람이 '경직된 조직문화'를 꼽았다. 업무가 많아 서로 얘기할 시간이 없다는 응답의 두 배가 훨씬 넘었다.

　경직된 조직문화의 원인은 무엇일까? 리더의 성향이 가장 크게 작용한다. 대기업도 마찬가지겠지만 중소기업을 방문해 취재하다 보면 오너의 성향을 더 쉽게 인지할 수 있다. 특히 오너가 권위주의적인지 아닌지는 임직원들의 표정이나 사무실 분위기에 바로 나타난다.

　대부분의 중소기업은 모든 결정이 위에서 아래로 내려오는 톱다운 방식으로 이루어진다. 오너십이 강해 전문경영인들의 발언권과 영향력은 거의 없다고 봐야 한다. 물론 대기업 중에도 중소기업 못지않게 오너십이 강한 곳이 많다. 이런 기업들은 대체로 조직문화가 경직돼 오너나 경영자들이 잘못된 지시를 내려도 속수무책이다.

경직된 조직문화와 그로 인한 소통의 부재는 심각한 문제를 초래한다. 자유로운 것으로 유명한 미국의 IT기업들 중에도 개인의 의견이 잘 먹히지 않을 정도로 경직된 곳이 많다. 애플의 한 퇴직 직원이 자신의 블로그에 올렸던 글이 화제가 된 적이 있다. 그는 애플은 끊임없이 회의를 하며, 개인 의견보다는 부서장 또는 CEO의 주문을 실행하는 것에 관심이 쏠려 있다고 했다. 심지어 가족에게 사고가 나거나 본인이 심한 병에 걸렸어도 사정을 봐주지 않고 일을 시켰다고 폭로했다. 물론 사실이 아니거나 다소 과장된 측면이 있을 수도 있다. 하지만 미국 기업들 중에서도 경직된 조직문화로 임직원들을 괴롭히는 곳이 적지 않다는 사실을 부정할 수 없을 것이다.

오너나 CEO의 일방통행으로 경직된 조직을 만드는 게 직원들에게 얼마나 큰 고통을 주는지 깨닫게 해주는 우화가 있다. 탈무드에 나오는 '잃어버린 반지의 고통'이라는 이야기다. 이 우화는 권위주의적인 CEO로 인해 생기는 조직문화의 경직성을 깨는 일이 목숨을 걸어야 할 정도로 쉽지 않다는 사실을 암시한다.

✎ ___ 한 랍비가 로마를 방문했을 때였다. 높은 성벽에 포고문이 붙어

있었다.

"왕비님께서 귀중한 반지를 잃었다. 그 반지를 한 달 안에 찾아오는 사람에게는 큰 상을 내릴 것이다. 그러나 한 달이 지난 뒤에 가져오면 사형에 처할 것이다."

랍비는 포고문을 본 사람들이 한마디씩 하는 것을 들었다.

"반지를 찾으면 큰 상을 준다고? 한번 반지를 찾으려 돌아다녀볼까?"

"그러다가 한 달이 지난 뒤에 발견하면 어쩌려고 그러나? 바로 처형될 텐데."

"맞아. 골치 아픈 일에 연루되지 말고 그냥 모르는 척하는 게 좋을 것 같아. 욕심을 부리다 죽을 수도 있으니까."

랍비는 사람들의 얘기를 듣고 나서 가던 길을 계속 갔다. 깊은 생각에 잠겨 길을 가던 중 땅바닥에서 반짝반짝 눈에 띄는 물건을 봤다. 자세히 보니 바로 왕비가 잃어버렸다던 그 반지였다. 랍비는 반지를 주머니에 넣고 집으로 돌아왔다. 그리고 반지를 곧바로 왕비에게 가져다주지 않고, 공고된 한 달에서 하루가 지난 후 궁궐로 갔다.

왕비를 만난 랍비는 반지를 전달했다. 왕비는 매우 기뻤지만 약속은 약속이었기 때문에 랍비를 죽일 수밖에 없었다. 왕비가 랍비에게 물었다.

"반지를 한 달이 지난 뒤에 가져오면 처형당할 것이라는 포고문을 보지 못했나요? 반지를 발견한 즉시 가져오면 좋았을 텐데 왜 지금 가져온 거죠?"

"당연히 알고 있었습니다."

"한 달 안에 가져오면 큰 상을 받을 수 있다는 걸 알고서도 이렇게 뒤늦게 반지를 가져온 이유가 무엇이지요? 당신은 목숨이 아깝지 않은가요?"

이 질문에 랍비는 정색을 하고 대답했다.

"일부러 그렇게 한 것입니다. 오늘 반지를 가져온 것은 내가 당신을 두려워하지 않는다는 것을 사람들에게 알리기 위해서입니다."

이 말을 듣고 왕비는 랍비에게 고개를 숙였다. 그리고 이렇게 말했다.

"정말 당신은 훌륭한 분이군요. 반지 하나 때문에 온 나라 백성들을 두렵게 만들고 괴롭혔던 제가 어리석었습니다."

적당한 긴장과 자유가 조화로운 상태에서 인간은 최고의 능력을 발휘한다. 너무 느슨하면 질서와 기강이 무너져 혼란을 초래하지만, 그렇다고 너무 통제하면 잠재력이나 창의력이 나오지 않는다. 이런 측면에서 CEO의 입만 쳐다보는 기업은 발전 가능성이 낮다고 할 수 있다.

요즘 같은 공급과잉 시대에는 신규 수요 창출이 중요하다. 즉, 창조경영에 의해 성패가 갈린다는 뜻이다. 경직된 조직문화보다는 직원 한 사람 한 사람이 자율적으로 움직일 수 있는 분위기를 만들어야 지속 가능한 기업을 만들 수 있다.

22

벼룩의 입장

　'신일산업' 하면 떠오르는 상품은 선풍기다. 국내 최초로 선풍기를 만든 곳은 아니지만 50년 넘는 역사의 대표적인 선풍기 브랜드를 가지고 있으며, 지금도 국내 선풍기 시장을 주도하고 있다. 저가 중국산 선풍기가 판치고 있는 상황에서 고군분투하고 있는 셈이다.

　이런 신일산업이 증권가에서 화제가 된 적이 있다. 개인투자자가 기존 대주주에 버금가는 지분을 획득하면서 적대적 인수합병을 시도했기 때문이다. 주인공은 노무법인 대표인 황귀남 씨다. 그는 지인들과 함께 신일산업 지분을 지속적으로 매집했다. 그 결과 기존 최대주주인 김영 신일산업 회장의 지분을 위협하고 있다. 김 사장은 회사 창업자인 김덕

현 명예회장의 아들이다.

황 씨는 신일산업 오너와 경영진이 회사를 잘못된 방향으로 이끌고 있어 적대적 인수합병에 나선 것이라 강변했다. 기존 경영진이 신일산업에 피해를 입혔고, 그것이 주주들에게 손실을 줬다는 것이다. 황 씨가 기자들에게 보낸 보도자료에 따르면 현 경영진은 김영 회장 자택이 주소지로 돼 있는 아성실업이라는 유령회사를 거래관계에 끼워넣어 상당액을 횡령했다. 또 이사회 결의도 없이 '지씨온월드'라는 회사에 신일산업의 영업부서를 이전해 회사에 피해를 줬다. 지씨온월드는 기존 대주주와 관련 있는 회사다. 이외에도 김영 회장이 다양한 방식으로 회사 자금을 빼돌렸기 때문에 최대주주 자격이 없다고 주장했다.

이에 대해 신일산업의 경영진은 즉각적인 대응을 피하며, 회사 발전에 대한 의견은 듣겠지만 경영권을 노리는 것이라면 용납하지 않겠다는 원칙론만 고수했다. 하지만 황 씨가 제기한 의문에 대해서는 할 말이 많았다. 비록 그것이 사실이라 해도 회사를 책임져야 하는 CEO로서 어쩔 수 없는 결정이었다고 항변하고 싶은 마음도 절실했을 것이다. 전체 흐름과 맥락에서 보면 황 씨가 거론하는 의문점들이 오히려 회사에 이익을 주는 결정이었을 가능성도 있다.

내용은 다르지만 극심한 입장 차이로 대주주들이 소송을 벌이고 있는 기업이 또 있다. 삼화페인트다. 1, 2대 주주 사이에 생긴 불신 때문에 70년 가까이 동업을 유지했던 관계가 파국을 맞았다.

삼화페인트 전신인 동화산업을 설립한 윤희중 회장이 일본 관서페인트에서 일하던 김복규 회장을 만나 사업을 함께 시작한 때는 해방 직후인 1946년이다. 두 회장의 아들인 김장연, 윤석영 사장은 부친의 유지를 이어받아 힘을 합쳐 삼화페인트를 키워나갔다.

그러나 윤 사장이 2008년 세상을 떠나면서 두 집안의 '입장'은 달라지기 시작했다. 경영권은 자연스럽게 김장연 사장 쪽으로 넘어갔지만 지분은 여전히 대등한 관계였다. 그러다가 삼화페인트가 2013년 4월 발행했던 200억 원의 분리형 신주인수권부사채BW를 놓고 격돌했다. 분리형 BW는 회사채와 정해진 가격에 주식을 살 수 있는 권리인 워런트를 나눠 거래할 수 있는 채권이다. 문제는 김 사장이 기관투자자에게 매도했던 워런트를 다시 확보했다는 점이다. 삼화페인트 주식을 대량으로 추가 확보할 수 있게 된 것이다.

윤 씨 집안은 김 사장이 삼화페인트의 단독 최대주주가 되겠다는 욕심으로 분리형 BW를 발행했다고 의심했다. BW 발행 무효 소송을 제기한 이유다. 이에 대해 김 사장 측은 발행 자체가 적법한 절차에 따라 이루어졌으며 만기가 돌아오는 채권을 막기 위한 것일 뿐 추가 지분을 확보하려는 의도는 없었다고 반박했다. 어느 쪽 말이 진실인지는 알 수 없다. 삼화페인트의 분쟁도 자신이 어떤 입장에 있느냐에 따라 생각이 달라진다는 사실을 확인할 수 있는 대표적인 사례다.

이솝우화에 실린 벼룩 이야기들은 각각 주제는 다르지만 입장 차이가 어떤 것인지 다시 한 번 생각해보게 만든다. 먼저 '벼룩과 황소'라는 우화다.

✎ ___ 어느 날 벼룩이 황소에게 물었다.

"너는 그렇게 크고 강한데 사람들을 위해 하루 종일 일만 하고 있니? 나는 이렇게 몸이 작은데도 인간의 살점을 무자비하게 물어뜯고 그들의 피를 빨아 먹는데 말이야."

벼룩의 자신만만한 말을 듣고 황소가 대답했다.

"나는 인간들한테 감사하고 있어. 그들은 나를 사랑하고 아껴주며 자주 내 어깨와 이마를 쓰다듬어주거든."

이 말에 벼룩이 발끈했다.

"뭐라고? 네가 좋아한다는 그 쓰다듬기가 내게는 최악의 불행인 것을 모르니? 그런 일이 일어나면 난 인간들의 손에 짓뭉개져서 몸이 터져버리거든."

'벼룩과 한 남자'라는 간단한 이야기도 벼룩과 인간의 입장을 극명하게 대비하고 있다.

✎ ___ 벼룩 한 마리가 어떤 남자를 매우 화나게 만들었다. 남자는 벼룩을 잡아서 말했다.

"요것 봐라? 내 팔다리에 있는 피로 네 배를 채우려고 하네. 나를 사정없이 물어댔겠다? 너를 살려둘 수 없다."

남자의 위협에 벼룩이 애원하며 대답했다.

"저는 원래 그런 놈이잖아요. 저를 죽이지 마세요. 이제 더 이상 괴롭히지 않을게요."

그러자 그 남자는 웃음을 터뜨리며 말했다.

"너는 이제 곧 내 손에 죽을 거야. 그 피해가 크든 작든 간에 네 놈의 번식을 막는 게 내게는 제일 시급한 일이거든."

분쟁의 이유를 캐다보면 그 기저에는 반드시 입장 차이가 존재한다. 대체로 그것은 각자의 이익에 뿌리를 박고 있다. 내게 이익이 있느냐 없느냐에 따라 입장이 달라진다는 얘기다. 타협의 여지가 있다면 다시 같은 입장으로 돌아올 수도 있지만 사실 그럴 가능성은 거의 없다. 벼룩과 사람의 입장이 바뀔 수 없는 것처럼 비즈니스 세계에서는 한번 입장이 달라지면 회복이 불가능하다. 입장 차이를 해소하려면 남자가 벼룩을 죽여야 하듯 힘과 논리로 상대를 눌러야 한다. 이것이 냉엄한 현실이다.

23

꿀 먹은 곰을 처벌하는
올바른 방법

증시에 상장된 한 중견 설비제조업체가 갑자기 부도를 낸 적이 있다. 원인은 단순했다. 100억 원대 전자어음을 결제하지 못했기 때문이다. 그런데 이상한 점이 있었다. 그 기업은 매년 꾸준하게 2,000억 원 이상의 매출을 기록하고 있었을 뿐 아니라 영업이익도 200억 원 수준에 달했다.

매출 규모나 영업이익률을 감안했을 때 100억 원의 급전을 구하지 못해 부도를 낼 곳은 아니었다. 더욱이 이 기업은 수출입은행이 글로벌 시장에서 잘나가는 곳을 대상으로 뽑는 '히든 챔피언'이기도 했다. 이런 중견기업이 왜 부도를 냈을까? 금융당국은 곧바로 조사에 들어가 일단 경영진의 횡령과 분식회계 혐의를 잡아냈다.

채권자와 투자자들은 이 회사의 CEO이자 대주주가 회사 돈을 챙긴 뒤 고의부도를 냈다고 의심했다. 회사를 살릴 충분한 여력이 있었음에도 일부러 그렇게 하지 않았다는 것이다. 객관적 상황만 보면 고의부도일 가능성이 높은 편이다.

고의부도는 돈을 빌려준 금융회사와 소액투자자들을 허탈하게 만드는 아주 나쁜 경제 사기다. 구체적인 사안은 각각 다르지만 악독한 의도와 수법 그리고 결과는 대동소이하다. 그 흐름을 보면 대략 이렇다.

먼저 벌이고 있는 사업을 호들갑스럽게 홍보하며 실적을 부풀리거나 허위로 대규모 판매 계약을 따냈다는 호재성 뉴스를 흘린다. 회사의 진짜 내용을 모르는 사람들은 투자 수익을 노리고 이 회사 주식을 사거나 돈을 빌려준다. 자금이 어느 정도 모였을 때 대주주는 이중장부와 분식회계 등을 동원해 뒤로 돈을 챙긴 뒤 부도를 내고 도주한다. 몸을 숨기기 전에 잡힐 경우 구속돼 처벌받지만 일정 기간 교도소에서 살다가 나오면 숨겨뒀던 돈으로 부유한 여생을 보낼 수 있다.

외부에서 자금을 유치하거나 투자받을 수 없는 영세업체에서는 임금을 체불한 뒤 사장이 고의부도를 내고 도망가기도 한다. 이럴 때는 회사 임직원들이 피해를 입는다. 원자재업체에서 어음을 주고 물건을 받은 뒤 그것을 현금화해 숨어버리는 악덕 기업주도 있다. 자재를 외상으로 받으려면 장부를 좋게 꾸며야 하고, 이런 경우에는 분식회계가 수반된다. 당연히 원자재를 공급한 거래업체와 협력사들이 큰 어려움을 겪는다.

고의부도는 평소 좋은 관계를 유지했거나 그래야 할 사람을 대상으로 사기를 치는, 일벌백계가 필요한 중대 범죄다. 경제적 피해뿐 아니라 인간관계의 기반을 흔든다는 점에서 악질이라고 할 수 있다. 믿었던 사장님에게 배신당한 직원들의 마음이나 오래 거래했던 협력업체 대표에게 뒤통수를 맞은 기업주의 허탈함을 상상해보면 고의부도의 죄질을 짐작할 수 있을 것이다.

그럼에도 불구하고 한국에서는 경제 사범에 대한 처벌이 너무 약하다. 솜방망이라는 말이 딱 어울린다. 고의부도를 내고서도 잘 먹고 잘 살고 있는 기업주가 적지 않다. 한탕으로 그렇게 살 수 있다면 선량했던 사람도 고의부도의 유혹을 받지 않을까? 고의부도를 낸 악당이 죄의식도 없이 편안하게 산다면 이 땅의 정의는 어떻게 되는 것인가?

크르일로프는 '곰과 꿀'이라는 우화에서 똑같은 질문을 던진다. 그는 곰에게 벌통을 맡겨 낭패를 본다는 이야기로 풀었다. 우리나라 속담에도 '고양이한테 생선을 맡긴다'는 말이 있다. 고양이 앞에 생선을 놔두면 먹을 것이 뻔하다는 얘기다.

동물 회의에서 곰이 벌통 감시자로 선출됐다. 꿀을 좋아하지 않는 동물은 없겠지만 그중에서도 꿀을 잘 먹는 동물로는 곰이 으뜸이었다. 결국 염려했던 일이 일어나고 말았다. 벌통을 지키던 곰은 꿀을 자기 굴로 모두 퍼 갔다. 이 사실이 알려지자 동물들 사이에서 소동이 일어났다. 결국 동물들은 형식을 갖춰 재판을 진행하고 곰을 해임한다는 판결을 내렸다. 또 사기꾼 곰에게 겨울 내내 굴속에서 잠을 자야 하는 벌을 받도록 했다.

법에 따라 사건이 조사되고 처벌이 확정된 뒤 확인까지 끝났다. 그러나 꿀은 모두 회수되지 않았다. 시치미를 뗐던 곰은 마침내 세상과 결별하고 따뜻한 자신의 굴속에 숨어버렸다. 그러고는 꿀을 찍어 먹으며 다시 좋은 시절이 오기를 기다렸다.

경기 상황과 관계없이 부도를 내고 폐업하는 기업들은 있기 마련이다. 대다수의 양심적인 기업주는 실적 부진으로 어쩔 수 없이 문을 닫아야 할 처지에 몰린다. 그러나 평생 먹고살 것을 다 마련해놓고 고의로 부도를 내는 사람도 일부 있다. 주변 사람을 힘들게 만드는 악당들이다.

이런 측면에서 고의부도를 낸 기업주에 대한 처벌은 당연히 더 강화돼야 한다. 숨겨둔 돈을 모두 회수하거나, 그렇지 못하면 숨겨둔 돈을 한 푼도 쓰지 못하게 해야 한다. 종교적인 차원에서 회개하고 선량한 삶을 살도록 용서를 베푸는 것은 좋지만, 경제적으로 부유하게 사는 것은 결코 허락하지 말아야 한다. 자신의 굴속에서 맛있게 꿀을 찍어 먹으며 유유자적하는 곰은 우화 속에 있는 것으로 족하다. 이들이 현실에서 절대 나타나지 않도록 강력한 처벌과 관행을 만들어야 고의부도 피해자를 줄일 수 있다.

24

깃털 같은
소문의 위력

해태제과가 2014년 내놓은 '허니버터칩'은 감자칩의 개념을 바꾸며, 포카칩같이 오랜 명성을 유지했던 스낵을 한 번에 밀어내고 빠른 속도로 감자칩 시장 1위를 점령했다. 한동안 마트와 편의점에서 품귀 현상을 일으키며 구하기 힘든 과자로 인식되기도 했다.

어렵게 허니버터칩을 구한 사람들은 SNS에 인증샷을 올리며 자랑했다. 소비자들의 열광에 생산업체인 해태제과는 라인을 풀가동해도 모자랄 판이라며 호들갑에 가까운 비명을 질렀다.

정작 맛을 본 사람들의 의견은 엇갈렸다. 어떤 이들은 별다른 맛도 없을 뿐더러, 역시 감자칩은 달콤하면 쉽게 질린다며 허니버터칩이 과대평가돼 있다고 지적했다. 반면 이런 맛은 쉽게 나올 수 없으며 감자칩의 혁신이라고 호평하는 쪽도 적지 않았다. 어쨌든 허니버터칩은 잔잔했던 스낵 시장에 큰 파문을 일으킨 '문제작'임에는 틀림없다.

허니버터칩 때문에 새삼 생각하게 되는 주제가 있다. 바로 '입소문 마케팅'이다. 허니버터칩이 처음 출시됐을 때, 색다른 맛에 대한 얘기가 여기저기서 나왔다. 해태제과 직원들이 의도적으로 낸 소문인지, 아니면 정말 소비자들이 자발적으로 말하고 다닌 것인지 확인할 수는 없다. 확실한 것은 허니버터칩의 달콤짭짤한 맛이 SNS를 비롯한 여러 곳에서 화제가 됐다는 사실이다. 한번 탄력받은 소문은 눈덩이처럼 커졌다.

"값도 비싸지 않은데 어떤 과자인지 맛이나 한번 보자."

소문을 듣고 실제 허니버터칩을 구입한 사람들은 저마다 맛에 대한 의견을 냈고, 입소문으로 널리 전파됐다. 전형적인 '입소문 마케팅'의 궤적을 밟은 셈이다. 입소문으로 판매량이 급증하면서 언론도 앞다퉈 기사로 다뤘고, 그 결과 허니버터칩은 일약 '국민스낵'으로 부상했다. 입소문 마케팅의 또 다른 성공 사례가 탄생한 순간이었다.

하지만 정반대의 일도 발생한다. 예를 들어 '카스 소독약 냄새' 사건이 그것이다. 2014년 여름 다음과 같은 소문이 인터넷과 SNS를 통해 급속히 확산됐다.

"카스맥주에서 소독약 냄새가 나더군요. 일정 기간의 생산 과정 중에 문제가 생긴 것 같습니다. 가임기 여성이 마시면 큰일이 날 수도 있다네요."

이 소문은 일파만파로 퍼졌다. 카스맥주 매출은 급격히 떨어졌고, 식품의약품안전처가 조사에 나섰다. 그리고 냄새는 소독약이 아니라 유통 과정에서 생긴 것이며 인체에 무해하다는 결론이 발표됐다. 또 소문의 진원지로 경쟁사 직원이 지목되면서 두 회사 간 공방이 벌어지기도 했다. 어쨌든 제조사인 오비맥주가 입은 피해는 매우 컸다.

이렇듯 입소문은 '팩트_{있는 그대로의 사실}'와 관계없이 연관된 기업이나 개인에게 결정적인 영향을 준다. 이런 소문의 본질을 잘 보여주는 우화가 있다. 탈무드에 나오는 '깃털 같은 소문의 위력'이라는 이야기다.

✎＿ 어떤 마을에 소문을 퍼뜨리기 좋아하는 여자가 살았다. 이웃 여자들은 견딜 수 없어서 랍비에게 도움을 청했다.

"전 그저 과자를 좋아한다고 했는데 그 여자는 제가 세끼 모두 과자만 먹는다고 말하고 다녀요."

"저에 대해서는 남편이 출근하면 아침부터 잠만 잔다고 말하고 다니더라고요."

"제 면전에서는 저를 아름답다 말하고, 자기 남편한테는 나이에 어울리지 않게 젊어 보이려 화장을 지나치게 한다고 떠벌린답니다."

얘기를 다 들은 랍비는 사람을 보내 소문을 퍼뜨리는 여자를 불러오도록 했다.

"당신은 왜 여러 말을 꾸며 소문을 내고 다닙니까?"

그러자 그 여자는 아무것도 아니라는 듯 웃으며 말했다.

"제가 만든 말은 별로 없어요. 다만 실제보다 과장해서 말하는 버릇이 있는 것뿐이죠. 그래야 재미있게 얘기할 수 있으니까요."

랍비는 잠시 생각에 잠겼다가 방에서 나가 큰 자루를 들고 돌아왔다.

"이 자루를 갖고 광장으로 가십시오. 광장에 도착하면 이 안에 들어 있는 것을 늘어놓으면서 집으로 돌아가십시오. 집에 도착하거든 다시 늘어놓고 온 것을 주워 모으면서 광장으로 돌아가세요."

자루는 매우 가벼웠다. 여자는 자루 안에 무엇이 있을까 궁금해 서둘러 광장으로 갔다. 자루를 열어보니 깃털들이 있었다. 랍비가 시킨 대로 깃털을 꺼내 길바닥에 늘어놓으며 집으로 돌아온 여자는 빈 자루를 들고 다시 광장으로 가 길바닥에 늘어놓은 깃털을 주우려 했다. 그러나 깃털은 바람에 날려 이곳저곳으로 날아간 상태였다.

여자는 랍비에게 말했다.

"말씀대로 깃털을 늘어놓았지만 몇 장밖에 주워 모을 수 없었어요."

"그랬겠지요. 소문이란 그 자루 속에 있는 깃털 같은 것입니다. 일단 입에서 나가버리면 다시 찾을 수가 없지요."

랍비의 말을 들은 여자는 그 후 남에 대해 얘기할 때 과장하며 수다 떠는 버릇을 고쳤다.

입소문은 양날의 칼과 같다. 잘 활용하면 약이 되지만 지독한 독으로 변질되기도 쉽다. 입소문으로 세간의 이목을 끄는 것도 좋지만 기본적으로 제품이나 서비스 자체의 품질을 높이는 게 먼저다.

그렇지 않으면 입소문을 통해 끌었던 인기가 견디기 힘든 모욕과 비난의 화살로 돌아올 가능성도 있다. 소문을 통해 몇 사람을 기만할 수는 있겠지만 모든 사람을 영원히 속일 수는 없다. 진실은 반드시 드러나기 마련이다.

입소문은 양날의
칼과 같다.
잘 활용하면 약이 되지만
지독한 독으로
변질되기도 쉽다.

25

행동으로
말하는 법

2014년 어닝쇼크earning shock를 기록한 현대중공업은 이례적으로 빠른 속도로 수뇌부 인사를 단행했다. 계열사였던 현대오일뱅크의 권오갑 사장을 그룹기획실장 겸직으로 사령탑에 앉힌 것이다. 그는 2010년 적자에 허덕이던 현대오일뱅크를 강도 높은 체질 개선으로 흑자 기업으로 바꿔놓은 장본인이다. 경기 침체와 저유가로 다른 정유사들이 고전하고 있는 상황에서도 그가 이끄는 현대오일뱅크는 수익률이 오히려 높아졌다.

이런 사람이 CEO로 왔다는 것 자체가 현대중공업 임직원들에게는 혹독한 구조조정과 환골탈태해야 하는 고통이 기다리고 있을 것이라는 예고였다. 물론 권 사장을 영입하면서 "강도 높은 경영 쇄신으로 위기를 극복하고 새롭게 도약하기 위한 의지가 인사에 반영됐다"는 현대중공업 측의 공식 입장이 있었다. 하지만 이런 말은 어떤 CEO가 와도 할 수 있는 얘기였다. 말보단 권 사장이 정말로 구조 개혁을 단행할 인물이었다는 사실 자체가 던지는 메시지가 더 강했다.

그가 취임 이후 보여준 행보가 이를 증명한다. 권 사장은 회사가 어려운 시기에 이런저런 불만을 쏟아내며 파업을 결의했던 노조와 정면으로 맞섰다. 현장 직원들을 직접 찾아 위기 상황을 설명하고 함께 돌파해나갈 것을 주문했다. 그리고 곧바로 자신의 말을 실천에 옮겼다. 현대중공업뿐 아니라 계열사인 현대미포조선과 현대삼호중공업의 임원을 3분의 1이나 감축했던 것이다. 현재 이익을 내지 못하거나 앞으로 수익 낼 가능성이 없는 조직을 없앴고 임금체계도 개혁했다.

이처럼 선언적인 말보다 행동 자체로 중요한 메시지를 전달하는 사례가 적지 않다.

국내 계면활성제 시장의 강자인 오성화학공업의 가업 승계 과정도 창업자가 말 대신 행동으로 자신의 뜻을 관철한 경우에 속한다. 권영후 회장은 장남인 권오제 사장에게 일찌감치 권한을 위임했다. '사장'이라는 직책과 함께 CEO 자리도 빨리 넘겼다. 권 회장은 70대지만 젊은 사람 못지않은 건강을 유지하고 있다. 회사를 경영하는 데 전혀 문제가 없었다. 그럼에도 그는 큰 투자와 일부 대외관계를 제외한 모든 일을 2세에게 맡겼다. 언뜻 보면 편안한 노후를 보내기 위한 것 같지만 실은 깊은 뜻이 있었다. 권영후 회장이 귀띔해준 말이다.

"일찍 경영권을 넘겨 자생력을 키우게 하려는 것입니다. 다른 중소기업을 보면 1세대가 계속 경영에 간섭해 아들과 갈등만 쌓이는데 아주 어리석은 행동입니다. 빨리 경영권을 주고 알아서 하라고 하면 됩니다. 다만 내 인적 네트워크와 사업 노하우를 그대로 넘기는 것이 중요하지요. 미주알고주알 말로 할 것이 아니라 직접 사람을 소개해주고, 판매망에 대한 정보를 넘기는 겁니다. 그것을 어떻게 활용하느냐는 후계자가 할 일이지요."

권 회장의 행동은 큰 효과를 내고 있다. 대학 졸업 후 바로 회사에 들어와 자재 관리와 생산, 자금, 회계, 영업까지 모든 분야를 거친 권오제 사장은 부친의 성과를 확대 발전시키며 오성화학공업을 글로벌 기업으로 키우고 있다.

이와 관련해 떠오르는 우화가 있다. 탈무드의 '말없이 말하기'라는 이야기다.

로마 황제와 유대의 한 랍비는 친한 사이였다. 비록 국가 간 사이는 좋지 않았지만 두 사람의 관계는 변함이 없었다. 황제는 랍비에게 여러 사안에 대해 조언을 구했다. 직접 만나면 구설수에 오를 것이 염려돼 심복을 보내 랍비의 의견을 전해 듣는 방법을 택했다.

나이가 든 황제는 큰 고민이 있었다. 무역이 활발한 도시를 만들면서 동시에 아들을 황제로 앉히려고 하는데 두 가지를 모두 이루는 것이 만만치 않았다. 한 가지 목표만 달성하려 해도 주변의 반대가 심할 수 있었기 때문이다.

황제는 신하를 보내 랍비의 생각을 들어봤다. 당시 황제의 나라와 랍비의 나라는 사이가 아주 나빴다. 간접적으로 전하는 것이라 해도 말로 조언하면 오해받을까 걱정됐던 랍비는 황제의 신하가 왔을 때 아무 말도 하지 않았다.

이 신하는 심부름을 다녀와서 랍비가 아무 말도 하지 않았다고 보고했다. 그러면서 이런 말을 덧붙였다.

"하지만 랍비가 어떤 행동을 보였습니다. 랍비는 아들을 불러 목마를 태우고 비둘기를 날리게 했지요."

이 행동의 의미가 무엇일까 곰곰이 생각하던 왕은 무릎을 치며 말했다.

"아들에게 왕위를 먼저 물려주고 아들이 무역이 활발한 도시로 만들 수 있도록 하라는 것이구나!"

얼마 후 황제는 반란 세력들이 움직이고 있다는 정보를 포착했다. 이번에도 어찌할 바를 몰라 랍비에게 사람을 보내 의견을 물었다. 랍비는 또 아무 말도 하지 않고 행동으로 자신의 뜻을 전했다. 랍비는 밭으로 나가 채소를 한 포기 뽑고 집으로 돌아와 쉬고, 또 나가 한 포기 뽑고 돌아와 쉬는 일을 반복했다.

이 말을 보고받은 황제는 반란 세력을 한 번에 타진하지 말고 한 사람씩 제거하라는 랍비의 의중을 읽었다. 그리고 이를 실행해 반란을 사전에 제압할 수 있었다.

사업을 하다보면 말을 해봐야 소용없는 상황이 생기기 마련이다. 그럴 때는 말이 아닌 행동으로 말해야 한다. 현명한 경영자일수록 말보다는 몸을 먼저 움직인다. 상황을 해결할 가장 적합한 행동을 먼저 보이기 때문에 임직원들은 그 의미를 어렵지 않게 깨닫는다. 굳이 말을 하지 않고 목적을 향해 달려가게 만드는 것이다.

이는 CEO가 사소한 행동도 조심해야 한다는 것을 의미하기도 한다. 그가 하는 행동은 임직원들에게 어떤 메시지로 읽히기 때문이다. 자칫 잘못된 신호를 보내는 행동을 했다가 의도했던 바와는 정반대의 결과를 초래할 수 있다. 행동하기 전에 그것이 어떻게 해석될지 먼저 계산해보는 습관이 필요한 이유다.

26

에어아시아를
살린 혀

에어아시아의 토니 페르난데스 회장은 어려운 상황을 이겨내고 뜻을 세운 인물이다. 말레이시아 태생으로 영국에서 유학한 그는 2001년 빚에 허덕이던 말레이시아 국영 항공사를 인수했고, 기발한 수완으로 최대 저가항공사로 키웠다. 싼값에 항공기를 빌리고 체인망을 늘려나감으로써 적자 기업을 1년 만에 흑자로 돌려놓았던 것이다.

인수 첫해 발생한 9·11 테러로 항공 시장이 위축됐던 것이 저가항공사를 운영하는 그에게는 큰 도움이 됐다. 항공기 임대료와 기장을 포함한 직원들의 인건비 등 운용비용을 획기적으로 줄일 수 있었기 때문이다. 비용 절감은 저가 항공의 핵심 경쟁력에 속한다. 이런 행운과 더불어 페르난데스 회장이 보여준 돌파력과 각종 경영 기법은 높이 평가되고 있다.

그러나 2014년 12월 28일 일어난 에어아시아의 첫 사고는 그를 시험대 위에 올려놓았다. 사업 초기 이어졌던 행운이 시련으로 바뀌는 변곡점에 서게 된 것이다. 다행히 그의 초기 대응은 합격점을 받았다. 비결은 진심이 담긴 말에 있었다. 페르난데스 회장은 사고가 나자마자 트위터를 비롯한 여러 매체를 통해 솔직하고 진실하게 자신의 입장을 밝혔다.

"피해자 가족들이 겪고 있는 고통에 대해 진심으로 사과드립니다. 저는 에어아시아의 CEO로서 책임을 질 것입니다. 그것이 바로 제가 이 자리에 있는 이유입니다. 사고 원인이 밝혀지지 않았지만 저는 책임을 피하려 들지 않을 것입니다. 승객들은 저희 회사 비행기를 타고 있었고, 저는 그것에 대한 책임을 져야 하기 때문입니다."

이 사건이 일어나기 10개월 전 한국에서도 페르난데스 회장과 같이 진심이 담긴 말과 행동으로 사고를 수습했던 CEO가 있었다. 이웅렬 코오롱 회장이다. 2014년 2월 18일 새벽, 경주 마우나리조트 붕괴로 많은 학생들이 사망한 사건이 발생하자 이 회장은 곧바로 현장으로 내려가 사고를 수습했다. 이 회장 역시 "부상자와 가족에게 엎드려 사죄한다"며 "모든 지원을 아끼지 않겠다"고 밝혔다. 리조트를 운영하는 기업의 수장으로서 그가 보여준 책임감 있는 말과 행동은 사고를 조기 수습하는 데 큰 역할을 했다. 더불어 코오롱그룹에 대한 사람들의 인식도 좋아지는 등 전화위복의 계기가 됐다.

이것과 정반대되는 모습을 보여준 사례도 있다. '땅콩 회항' 이후 대한항공 경영진이 그랬다. 당사자인 조현아 부사장은 물론 조양호 회장조차 제대로 된 상황 인식을 못하고 책임을 회피하려 했다. 관련 직원들을 회유하거나 위협해 진실을 가리려고도 했다. 여론의 비난에 밀려 결국 사과했지만 사람들은 그들의 말에서 진실성을 느끼지 못했다.

사이버 검열 논란 중 이석우 다음카카오 공동대표가 "수사 기밀에 속하기 때문에 언급할 수 없다"고 일축한 표현 역시 사람들의 분노를 샀다. 개인정보에 대한 중대한 사안임에도 불구하고 아무렇지 않은 것처럼 말한 CEO 때문에 다음카카오의 브랜드 이미지는 뚝 떨어지고 말았다.

이처럼 결정적인 시기에 던져진 CEO의 말은 기업을 죽이기도 하고 살리기도 한다. 탈무드의 '힘이 센 혀'라는 우화가 이를 잘 증명해준다.

✎ ___ 어떤 나라의 왕이 병에 걸렸다. 의사는 난처한 표정으로 말했다.
"사자의 젖을 먹어야 병을 고칠 수 있습니다."
그러나 대신들 중엔 목숨 걸고 사자의 젖을 구해 올 사람이 없었다. 왕은 사자의 젖을 구해 오는 사람에게 큰 상을 내리겠다고 선포했다. 소식을 들은 용감한 젊은이가 사자의 젖을 구하기 위해 길을 나섰다. 그는 사자가 사는 동굴을 찾아 새끼 사자들과 놀아주면서 사자의 환심을 샀다. 젊은이의 용기와 친절함에 감동한 사자는 자신의 젖을 줬다. 젖을 들고 왕궁으로 향하던 젊은이는 너무 피곤해 나무 밑에서 낮잠을 잤다. 자는 동안 그는 손과 발, 눈, 코가 서로 공을 다투는 꿈을 꿨다. 먼저 발이 말했다.

"내가 아니었으면 사자가 있는 동굴까지 가지 못했을 거야."

그러자 눈이 반박했다.

"내가 없었으면 동굴이 어디 있었는지 보지 못했을걸?"

언쟁을 듣고 있던 혀가 말했다.

"너희들이 무엇을 했는지 모르지만 어쨌든 내가 최고야."

이 말을 듣고 모두 비웃었다.

"볼품도 없고 뼈도 없는 네가 뭘 했다고? 정말 웃기는 놈이네."

혀는 화를 내며 대답했다.

"너희들이 나를 비웃었지? 어디 두고 보자."

얼마 뒤 젊은이는 잠에서 깨 왕궁으로 향했다.

왕은 사자의 젖을 구해 온 젊은이를 칭찬했다. 이에 젊은이는 말했다.

"사실 그것은 사자의 젖이 아니라 개의 젖입니다."

그 말에 왕은 화를 내며 명령했다.

"뭐라고? 나를 속인 저놈을 당장 처형해라."

바로 이때 손과 발, 눈, 코, 귀가 혀에게 용서를 빌었다.

"미안해. 너의 힘이 이렇게 센지 몰랐어."

사과를 받은 혀는 다시 젊은이에게 이렇게 말하게 했다.

"죄송합니다. 제가 너무 긴장하는 바람에 실수를 했습니다. 이것은 사자의 젖이 맞습니다."

"그래. 너의 말이 사실인지는 내가 먹어보면 알 수 있겠지."

왕은 사자의 젖을 먹고 건강을 되찾았다. 사자의 젖이라는 사실이 증명된 뒤 젊은이는 큰 상을 받았다.

모든 복과 재앙은 입에서 나온다는 말이 있다. 복을 부르고 재앙을 막는 말을 하려면 평소 많은 정보를 취득하고 깊이 생각하는 습관을 길러야 한다. 혀를 놀리기 전 한 번 더 그 말이 초래할 효과를 생각해볼 필요가 있다. CEO는 혀의 파급력이 일반인보다 훨씬 크기 때문에 더욱더 그래야 한다.

27

유리 천장을 깬
여성 신화

양향자 전 삼성전자 상무가 더불어민주당에 입당하며 정계에 진출해 화제가 됐다. 그녀는 여성, 고졸, 호남 출신이다. 한국에서 출세하려고 할 때 가장 열악한 환경에 처해 있었던 것이다. 하지만 양 전 상무는 노력과 의지로 이 조건들을 극복했다. 1986년 광주여상을 졸업하고 삼성 반도체 메모리설계실에서 연구보조원으로 입사할 때만 해도 그녀가 삼성 임원이 될 가능성은 거의 없었다. 석사와 박사 학위를 갖고 있어도 임원이 되기 힘든 곳이 바로 삼성전자다.

그녀는 여성이라는 단점을 극복하려고 남성들보다 훨씬 열심히 일했다. 고졸이라는 한계를 넘기 위해 시간을 쪼개 공부했다. 사내 대학에서 반도체를 전공한 뒤 성균관대 대학원에 들어가 전기전자컴퓨터공학 석사 학위를 취득했다. 이 과정에서 짐작하기 어려울 만큼 엄청나게 많은 노력을 하며 땀을 흘렸을 것이다.

2014년 삼성전자 정기 임원 인사에서 상무로 승진했을 때 주변에서는 고졸 신화라고 치켜세웠지만 그것은 신화라기보다는 남다른 노력의 결실이라고 해야 하지 않을까. 양 전 상무는 정계에 입문하며 마지막 남은 하나의 벽을 넘으려고 했다. 호남 출신이라는 것을 활용해 더 넓은 세계로 가려는 것이었다.

자신의 단점과 위기를 극복한 여성 기업인으로 주목받고 있는 또 다른 인물은 제너럴모터스의 메리 바라 CEO다. 그녀 역시 노동자의 딸로 시작해 최고의 자리에 오른 사람이다.

제너럴모터스 공장에서 39년간 일한 아버지로부터 자동차에 대해 배운 그녀는 10대 후반 제너럴모터스의 인턴사원이 됐다. 제너럴모터스 부설 자동차대학인 케터링대를 졸업한 후 말단 엔지니어로 제너럴모터스에 정식 입사한 메리 바라는 개발비용을 줄이고 효율적으로 인력을 관리하는 변화를 주도하며 주목받았다. 그녀는 조직과 인력, 기술 관리를 총체적으로 할 수 있는 몇 안 되는 인재 중 하나였다. 얼마나 잘했으면 '제너럴모터스의 잔다르크', '제너럴모터스의 딸'이라 불렸을까.

그녀는 입사 33년 만인 2014년 자동차업계 최초 여성 CEO에 올랐고 2016년에는 회장으로 임명됐다. 100년이 넘는 제너럴모터스 역사상 여성이 회장이 된 것은 그녀가 처음이다.

메리 바라와 양향자 전 상무처럼 여성이지만 어려움과 단점을 극복하고 남성들을 뛰어넘는 공을 세운 인물이 《열녀전》에 나온다. 전국시대 제나라 무염읍에 살았던 종리춘이라는 여자다.

✎___ 마흔이 넘도록 시집가지 못한 노처녀 종리춘은 추녀의 대명사였다. 정수리와 두 눈이 움푹 들어갔고 들창코에 손가락과 발가락은 길었다. 돼지 목과 듬성듬성한 머리카락, 굽은 허리, 검은 피부는 불쾌감을 줄 정도였다.

어떤 남자가 보더라도 도망가지 않을 수 없는 외모의 엄청난 추녀이긴 했지만 그녀는 사려가 깊고 정세를 보는 안목이 있었다. 종리춘은 군주인 제선왕을 모시겠다는 생각으로 궁궐을 찾았다.

"후궁의 청소부 자리라도 좋으니 받아주세요."

이런 종리춘을 보고 모두가 비웃었다. 그러나 제선왕은 혹시나 하는 생각에 종리춘을 불렀다.

"내게는 왕비도 있고 후궁들도 많다. 너를 보니 시골 농부에게나 시집 갈 여인인 것 같은데 군주의 첩이 되겠다고 하니 무슨 특별한 재주가 있느냐?"

"그런 것은 없습니다. 저는 다만 수수께끼를 좋아할 뿐이지요."

"그래, 과인도 수수께끼를 좋아하는데 한번 문제를 내보아라."

종리춘은 눈초리를 치켜세우며 말했다.

"위태롭다. 위태롭다. 위태롭다. 위태롭다."

한참을 궁리하던 제선왕은 종리춘의 수수께끼를 해석할 수 없어 답을 말해보라고 했다.

"지금 이 나라에 네 가지의 위태로움이 있는데 아시는지요. 서쪽에는 진나라, 남쪽에는 초나라가 위협하고 있지요. 그런데도 간신들이 들끓고 충성심 높은 사람들이 없습니다. 이것이 첫 번째 위태로움입니다. 주군은 온갖 사치를 다하는데 백성들은 가난에서 벗어나지 못하고 있습니다. 두 번째 위태로움이지요. 현명한 신하들은 산속에 숨어 살고 간신들만 궁궐에 있습니다. 이것이 세 번째 위태로움입니다. 주군께서는 놀고먹는 데 빠져 정사를 돌보지 않으십니다. 네 번째 위태로움이란 이것입니다. 그래서 위태롭다는 말을 네 번 거듭한 것입니다."

제선왕은 이 말을 듣고 말했다.

"네가 나의 잘못을 사정없이 지적하는구나."

왕은 즉시 주연을 물리치고 정사에 임했다. 그리고 좋은 날을 선택해 종리춘을 정식 왕후로 삼았다. 왕이 회심한 덕에 제나라는 안정되고 백성들도 잘살 수 있었다.

여러 분야에서 뛰어난 여성들이 많이 나오며 남녀 차별은 점차 옛말이 되고 있다. 여성 대통령과 CEO가 더 이상 낯설지 않다. 하지만 여전히 일부 분야는 단지 남성이라는 이유만으로 우대를 받는다. '유리천장'이 완전히 깨지지 않은 것이다. 희망적인 것은 메리 바라 같은 종리춘의 후예들 덕분에 유리천장이 없어지는 건 시간문제라는 사실이다.

변하지 않으면 살아남지 못한다.
새 길을 찾는 것이 중요하다.

- 메리 바라 -

28

누가 이 의견을
회장님께 전하겠습니까?

앞서 언급했듯이 조현아 대한한공 부사장의 '땅콩 회항' 사건이 눈덩이처럼 커진 원인을 따지고 들면 아주 중요한 의사 전달 고리에서 소통이 제대로 되지 않았다는 문제가 자리를 잡고 있다. 좀 더 구체적으로 말하면 대한항공 임직원들이 총수를 비롯한 오너 일가에게 할 말을 제대로 하지 못하는 분위기가 이런 종류의 사건이 언젠가는 일어날 가능성을 높였고, 사태가 발생한 직후 초기 대응 실패로 이어졌다는 얘기다.

조양호 대한항공 회장도 이를 뒤늦게 깨닫고 만시지탄晩時之歎을 쏟아냈다고 한다. 임원 회의를 통해 그가 말한 내용의 요지는 이렇다.

"경직된 조직문화를 바꿔야 한다. 오너와 경영진 같은 윗사람에게도

'No'라고 이야기할 수 있어야 한다. 앞으로는 문제를 있는 그대로 다 보고하고 해결책을 함께 찾도록 하자. 이를 위해 언제라도 연락하고 보고해주길 바란다. 위기가 닥쳤을 때 선제적으로 대응해 위험을 최소화할 수 있는 위기 관리 시스템도 갖추자."

대기업이든 중소기업이든 강한 오너십이 있는 회사에는 '땅콩 회항' 같은 사태가 일어날 수밖에 없다. 가장 큰 이유는 오너가 들으면 짜증 낼 소리를 발설하기 어렵다는 데 있다. 오너가 이미 결정을 내린 사안에 대해 지적하고 비판하려면 자리를 내놓아야 한다. '목구멍이 포도청'인 직장인들에게 이런 수준의 용기를 요구하는 것은 무리다.

조양호 회장이 비상사태를 맞아 마음껏 얘기해보라고 주문했지만 그것이 정말 실행되고 있는지 의문을 갖게 되는 이유다. 불행하게도 인간의 이성과 감정은 따로 논다. 만약 임직원 중 한 명이 비난에 가까운 지적을 했을 때 조 회장은 부끄러운 마음과 불쾌한 감정을 극복할 수 있을까? 예를 들어 이렇게 직언하는 직원이 있다면 어떤 반응이 나올까?

"회장님, 이제 자리에서 물러나시고 전문경영인에게 CEO 권한을 넘기셔야 합니다. 그래야 위기의 대한항공을 구할 수 있습니다. 회장님은 대주주 역할만 해주시기 바랍니다."

"이제 자녀들을 요직에서 물러나게 하시죠. 전문가들이 그 자리를 맡아야 회사가 발전할 수 있습니다."

과연 이 말을 듣고 속으로 화를 내지 않는 오너가 몇 명이나 될까? 오너에게 기득권을 포기하라는 것은 용의 역린을 건드리는 것과 같다. 그 말을 한 사람은 결국 살아남기 힘들다는 의미다. 그렇다면 오너가 아무리 마음 놓고 얘기하라고 해도, 결정적으로 중요하지만 민감한 사안을 거론하는 것은 고양이 목에 방울 달기가 아닐까?

상상은 해볼 수 있지만 실행이 힘든 일을 비유할 때 가장 많이 사용하는 말이 바로 고양이 목에 방울 달기다. 동서양 모두 같은 내용의 우화를 갖고 있다. 동양에서는 숙종 시절 홍만종이라는 사람이 여러 정보들을 정리해 만든 《순오지》에 '묘항현령猫項懸鈴'이라는 제목으로 소개돼 있다. 이솝우화도 똑같은 이야기를 전한다.

✎ 쥐들이 고양이에게 자주 잡히자 한자리에 모여 대책을 논의했다. 고양이가 오는 것을 미리 파악한다면 피할 수 있을 것이라는 의견엔 일치를 봤지만 좋은 방법이 없었다. 한참 궁리하던 끝에 작은 생쥐 한 마리가 묘안을 냈다.

"고양이 목에다 방울을 달아놓으면 어떨까? 고양이가 움직일 때마다 방울 소리가 들릴 테니 그때 미리 피하면 잡아먹히는 것을 막을 수 있지 않을까?"
쥐들은 기발한 아이디어라며 박수를 쳤다. 생쥐의 머리에서 어떻게 이런 생각이 나왔는지 감탄하기도 했다. 안도감에 마구 떠드는 쥐들을 한심하게 쳐다보던 한 늙은 쥐가 말했다.

"누가 고양이에게 가서 목에다 방울을 달 건가?"
이 말을 듣자 쥐들은 다시 조용해졌고, 참신한 아이디어는 아무 쓸모가 없게 됐다.

이 우화를 기업에 적용해보자. 절대권력을 쥐고 있는 오너는 기업의 고양이다. 임직원은 쥐들이다. 회사에 큰 문제가 발생했는데, 그것을 해결할 수 있는 방법은 오너가 퇴진하는 길뿐이다. 오너만 빼고 거의 모든 임직원은 다 알고 있는 사실이다. 그대로 있으면 회사가 침몰할 것이기 때문에 임직원들은 회의를 열었다. 갑론을박하던 중 말단 직원 한 명이 의견을 냈다.

"회장님께 실상을 그대로 말씀드려야 합니다. 회장님과 오너 일가가 뒤로 물러서고 위기를 돌파할 전문경영인을 영입해야 한다고 말입니다. 이 분야에 정통한 아무개가 일을 맡아 처리하면 난국을 넘을 수 있을 겁니다."

임직원들은 옳은 말이라며 이구동성으로 그렇게 해야 한다고 찬성했다. 바로 그때 회사를 가장 오래 다닌, 나이 든 임원이 입을 열었다.

"그렇다면 누가 이 의견을 회장님께 전하겠습니까?"

이 질문에 대답하는 사람은 한 명도 없었다.

극단적인 사례인 것 같지만 오너가 있는 기업에선 종종 유사한 일들이 일어난다. 강도가 약해 인지하지 못하고 그냥 지나칠 뿐이다. 이 딜레마를 깰 수 있는 묘안은 없을까? 고양이가 '비상식적인 큰 깨달음'을 통해 스스로 자신의 목에 방울을 달면 모를까 다른 방법은 없는 듯하다.

29

의미 없는
경고는 없다

2000년대 들어 판매가 급속히 증가했던 디지털카메라는 필름 시장을 양분했던 코닥과 후지필름에 큰 경고음을 보냈다. 디지털카메라가 시장을 지배하면 필름은 없어지거나 극히 일부의 전문가만 사용하게 될 것이라는 사실이 거의 확실했다. 이를 두 업체의 경영진 모두 잘 알고 있었지만 경고에 대한 반응은 완전히 달랐다.

코닥은 세계에서 가장 먼저 디지털카메라를 개발했음에도 필름에 대한 미련을 버리지 못했다. 노키아가 스마트폰 시대가 오고 있음을 알고도 기존 휴대폰에서 나오는 이익 때문에 머뭇거렸듯 코닥도 포기해야 할 것을 빨리 포기하지 못했다. 디지털카메라로 찍은 후 필름으로 인화하도록 유도하는 등 어떤 식으로든 필름 시장을 지키기 위해 안간힘을 썼다. 그러나 '디지털'이라는 거대한 흐름을 바꿀 수는 없었다.

후지필름은 반대였다. 필름 사업을 축소하고 바뀐 환경에 재빨리 적응했다. 디스플레이를 비롯한 다양한 분야에 투자하기 시작했다. 후지필름이 개발한 디지털 의료기기와 복사기는 선풍적인 인기를 끌었다. 필름업체에서 자연스럽게 전자기기 기업으로 진화해나간 것이다.

같은 경고를 전혀 다르게 받아들인 이유는 경영진의 판단 때문이었다. 코닥은 일단 올해 수익만 올리면 된다는 식의 단기 성과에 급급했고, 후지필름은 좀 더 긴 안목으로 판단했다. 경고를 심각하게 보고 오랜 시간이 걸리더라도 근본적인 체질 변화를 시도한 것이 후지필름에 축복이 됐다.

경고를 무시해 곤욕을 치르고 있는 경영자 중에 샤오미의 레이 쥔 회장을 빼놓을 수 없다. 다만 샤오미는 아직 기회가 있다는 점이 다행이다. 샤오미에 내려진 경고는 하루빨리 특허 문제를 해결하라는 것이었다. 글로벌 기업이 되려면 독자 기술의 제품을 만들어야 한다는 경고를 무시한 결과가 지금 나타나고 있다. 미국에 진출하려다 좌절된 것은 시작에 불과하다. 샤오미 측은 처음부터 미국에서 판매할 생각이 없었다고 부인했지만 속사정은 복잡했을 게 틀림없다. 욕심 같아서는 지금 당장이라도 미국 판매를 확대하고 싶겠지만 애플 같은 거대 기업의 심기를 건드려 특허 분쟁이 일어난다면 샤오미는 얻는 것보다 잃을 것이 더 많다. 특허 분쟁에서 패소하는 순간 새로운 시장 개척은커녕 엄청난 후

폭풍이 일어날 것이기 때문이다.

KT경제경영연구소는 특허 문제를 비롯해 신규 수요 위축 등을 고려하면, 당분간 샤오미의 성장세는 예전과 같지 못할 것이라고 전망했다. 레이 쥔 회장은 여전히 특허 문제가 별것 아닌 것처럼 말하고 있지만 글로벌 시장에서 샤오미 스마트폰 판매량이 경쟁사를 위협할 정도로 많아지면 특허 분쟁을 피하기는 어렵다. 중국 밖에는 특허 괴물이라는 무서운 존재가 호시탐탐 먹잇감을 노리고 있다는 사실을 명심해야 한다. 샤오미의 스마트폰 성장률이 점점 떨어지며 한계론을 펼치는 목소리도 높다. 이미 경쟁업체이자 강력한 기술력을 보유한 화웨이가 다양한 제품을 출시하며 샤오미를 위협하고 있다.

코닥 경영진과 레이 쥔 회장이 주변의 경고를 소홀히 하는 대신 유럽 중세시대 설교집인《로마인 이야기》속 '세 가지 경구'라는 우화를 참고했다면 좋았을 것이다.

✎___도미티아누스 황제는 현명하고 공정한 황제였다. 어느 날 한 상인이 황제를 찾아 세 가지 경구를 천금에 팔겠다고 제안했다. 황제는 경구들이 도움이 되지 못하면 돈만 잃게 되는 것이 아니냐고 반문했고, 상인은 그렇게 되면 다시 천금을 돌려주겠다고 말했다. 황제는 홀린 듯 세 가지 경구를 사게 됐다. 세 가지 경구는 각각 이런 내용이었다.

"네가 어떤 일을 하든 현명하게 생각하라. 그 일의 결과를 생각하라."

"큰길을 버리고 지름길로 가지 마라."

"집주인이 늙은 남자이고 그의 아내가 젊은 여자인 집에는 손님으로 묵지 마라."

황제는 첫 번째 경구가 마음에 들어 자신이 사용하는 모든 물건에 새겨놓도록 했다. 황제에게는 정적이 있었다. 그들은 황제를 암살하기 위해 이발사를 매수했고, 이발을 하며 면도칼로 황제를 죽이려는 음모를 꾸몄다. 황제의 목을 찌르려던 순간, 이발사는 수건에 새겨진 경구를 보게 됐다. 그는 생각했다.

'내가 황제를 죽이면 그 불명예 때문에 수치스러운 죽음을 맞이할 수도 있어. 이 경구대로 내가 무엇을 하든지 그 행동의 결과를 예상하는 것이 좋겠군.'

이발사는 손이 점점 떨리기 시작했고, 이를 이상하게 여긴 황제가 왜 그러느냐고 묻자 그는 모든 음모를 실토했다. 이 일로 황제는 목숨을 구했다.

첫 번째 암살이 실패하자 정적들은 황제가 도시를 방문할 때를 노리기로 했다. 지름길에 매복해 있다가 황제를 죽이기로 한 것이다. 도시로 가는 도중, 황제는 지름길과 큰길로 가는 교차 지점에 도착했다. 신하들은 지름길로 갈 것을 권유했지만 황제는 두 번째 경구를 생각하고는 그냥 큰길로 가자고 했다. 일부 신하들은 지름길로 먼저 도시에 도착해 황제를 맞을 준비를 하기로 했다. 결과는 예상한 대로였다. 지름길로 갔던 신하들은 모두 암살자들에게 죽임을 당했고, 황제는 이번에도 목숨을 구할 수 있었다.

매복 작전도 수포로 돌아가자 음모자들은 황제가 묵을 집의 아내를 매수해 황제가 자고 있을 때 죽인다는 계획을 세웠다. 거주할 집이 정해지자 황제는 집주인을 불렀다. 집주인인 늙은 남자가 나타나자 황제가 물었다.

"자네 부인은 없는가? 부인을 데려오게."

그의 아내는 열여덟 살도 안 되는 젊은 여자였다. 여자를 보고 황제는 다른 집에서 잘 테니 알아보라고 명령했다. 결국 이번에도 정적들은 암살에 실패했다. 황제는 음모자들을 모두 찾아내 처형했다. 황제는 세 가지 경구를 무시하지 않고 잘 따랐기에 생명을 보존할 수 있었다.

어떤 위기든 닥치기 전에 수많은 경고음이 들리기 마련이다. 그것을 대수롭지 않게 흘려보내느냐, 아니면 심각하게 받아들이느냐에 따라 결과는 하늘과 땅만큼 차이가 난다. 경고는 건강과 관련된 것일 수도, 잘못된 투자일 수도 있다. 기업 차원에서는 급격한 시장 변화나 거시경제의 흐름이 바뀌는 방식으로 경고음이 들리는 경우가 많다. 정부나 정당에는 어떤 계기든 확 바뀌는 민심이 경고의 메시지를 보낼 것이다. 바로 그때 어떤 행동을 할 것인가. 그것이 성공과 실패를 결정한다.

30

희망을 주는 경영이란?

　2016년 2월 9일, 미국의 관절염 자문위원회는 제약회사 셀트리온의 램시마를 승인하라고 미국 식품의약국FDA에 권고했다. 미국 식품의약국이 이를 받아들여 승인하면 램시마의 미국 시장 진출이 확정된다. 램시마는 미국 얀센의 류머티즘 관절염 치료용 바이오의약품 레미케이드와 효능이 같은 항체 바이오시밀러biosimilar, 복제약로, 2014년 기준약 11조 8,000억 원어치가 판매됐다. 램시마는 오리지널 의약품보다 30~40% 저렴하기 때문에 수조 원대 매출이 가능할 것으로 기대된다. 램시마는 2013년 8월 유럽에서 이미 판매 승인을 받은 바 있다.

　한국에서 개발한 바이오시밀러를 미국과 유럽 등 의약품 선진국에서 판매하는 것은 2002년 셀트리온을 설립한 서정진 회장의 중요한 목표 중 하나였다. 그런 만큼 이 소식을 처음 접했을 때 서 회장의 감회는 남달랐을 게 분명하다.

그의 인생 역정에 대해서는 널리 알려져 있다. 삼성에서 직장생활을 시작해, 능력을 인정받으며 생산성본부에 이어 대우자동차에 발탁됐다. 대우차 임원으로 재직하던 시절 그의 기획력과 추진력은 대우그룹 총수인 김우중 회장이 인정할 정도로 발군이었다. 그러나 외환위기로 대우그룹이 해체되면서 '백수' 신세로 전락할 수밖에 없었다. 사업에 대한 열망과 넘치는 능력으로 그는 2000년 업종을 정하지 않은 채 무작정 창업했고, 약 2년의 모색 끝에 바이오시밀러가 유망하다는 판단을 내렸다.

하지만 '가지 않았던 길'을 선택한 서 회장에게 생각했던 것 이상의 어려움이 기다리고 있었다. 언제 수익이 날지 알 수 없는 상황에서 투자비는 눈덩이처럼 커졌다. 자금 압박으로 인한 극심한 스트레스 때문에 북한강으로 차를 몰고 가 투신하려고 했던 일화는 유명하다. 되지도 않을 바이오 사업에 욕심을 부리는 것은 아닌지, 사기 행각을 벌여 먹고 튀려는 것은 아닌지 의혹의 눈길을 던지는 사람들도 적지 않았다.

2004년부터 한 외국 제약사의 바이오의약품 원료를 대행 생산하면서 사정이 나아졌지만, 그에게 또 다른 시련이 덮쳐왔다. 2013년 공매도 세력의 공격으로 셀트리온 주가가 휘청거리기 시작한 것이었다. 공매도 방어를 위해 주가를 올리려는 과정에서 주가 조작 혐의로 검찰 조사를 받고 기소되기도 했다. 이 일로 서 회장은 2년간 천당과 지옥을 넘나들었다. 우여곡절을 겪으면서도 그는 다양한 종류의 바이오시밀러 의약품을 개발했고, 세계 각국에서 판매 허가를 받기 위해 동분서주했다. 램시마의 미국 판매 청신호는 이런 노력이 서서히 결실을 맺고 있다는 증거다.

서 회장의 과감한 투자에 힘을 얻어 삼성도 바이오시밀러에 투자를 확대하고 있어 한국이 세계 시장에서 의약산업의 새로운 강자로 부상할 것이라는 기대감이 점점 높아지고 있다. 이런 의미에서 서 회장은 '희망을 주는 기업'을 일군 경영자라고 평가할 수 있다.

같은 맥락에서 임성기 한미약품 회장 이야기도 빼놓을 수 없다. 그는 2010년 창사 후 첫 적자로 고전하던 중에도 한국을 먹여 살릴 신약의 연구개발에 막대한 자금을 투입했다. '생즉사 사즉생生卽死 死卽生'의 심정으로 2010년 이후 한 해도 빠지지 않고 매출의 10~20%를 연구개발에 할애했던 것이다.

10년 동안 1조 원 가까이 투자한 결과는 2015년에 나타났다. 2015년의 매출액은 누적 연결 기준 1조 3,175억 원을 기록했다. 이는 2014년 7,613억 원에 비해 73.1% 증가한 것이며, 국내 제약업계 사상 최대 매출이었다. 영업이익도 2,118억 원으로 514.8%나 뛰었다. 한미약품은 2014년 유한양행에 이어 한국 제약업체 중 두 번째로 '1조 클럽'에 가입하게 됐다.

그는 희망을 주는 기업을 만들겠다는 신념을 이렇게 표현했다.

"나는 기업인이 아닌 '제약인'이다. 제약은 생명을 다루고 기업은 이익을 좇는다. 기업인이라면 신약 개발이라는 불확실성이 높은 분야에 큰 베팅을 하지 않을 것이다. 100년 제약 역사에서 아직까지 신약다운 신약 하나 개발해내지 못한 것은 치욕의 역사다. 이를 극복하는 길은 투자밖에 없다."

서 회장과 임 회장의 대선배로는 유일한 박사가 있다. 그야말로 국가와 국민들에게 희망을 준 기업가의 대명사다. 1926년 유한양행을 설립한 뒤 그는 당시 한국인들에게 필요한 각종 약을 개발하고 보급했다. 1930년대에 출시된 첫 국산 진통소염제 '안티푸라민'은 80년 넘게 한국인들의 통증을 완화해주는 의약품으로 명성이 높다. 깨끗하고 투명한 경영과 모든 것을 사회에 환원한 그의 모습은 후배 기업가들이 표본으로 삼기에 충분하다.

미국 작가인 트리나 폴러스가 쓴《꽃들에게 희망을》은 극심한 시련을 통해 자아를 실현해야 세상에도 희망을 줄 수 있다는 메시지를 담고 있다. 때문에 1972년 출간된 후 40년이 흘렀지만 여전히 스테디셀러로 자리매김 중이다. 이 책의 주인공 줄무늬애벌레는 희망을 주는 경영자들과 많이 닮았다.

✎ ___ 알에서 깨어난 줄무늬애벌레는 나뭇잎을 먹으며 성장하던 중 삶에 무슨 의미가 있는지 의문을 갖게 됐다. 어느 날, 그는 나뭇잎을 떠나 벌판 위에서 높은 탑을 이루며, 서로 먼저 위로 올라가기 위해 경쟁하는 애벌레들을 목격한다. 무엇 때문에 위로 올라가려는지 궁금했던 줄무늬애벌레는 그들의 경쟁에 동참하게 된다. 그곳에서 만난 노랑애벌레는 밑으로 내

려가며 그에게 권유했다.

"남을 밟으며 올라가지 말고 함께 내려가자."

하지만 꼭대기에 무엇이 있는지 궁금했던 줄무늬애벌레는 치열하게 경쟁하며 맨 위로 올라섰다. 그러나 그곳에는 아무것도 없었다. 비슷한 모양의 탑만 곳곳에 보일 뿐이었다. 허무감이 몰려왔다. 바로 그때 노랑나비 한 마리가 그에게 다가왔다. 바로 노랑애벌레였다. 탑에서 내려온 줄무늬애벌레는 삶의 의미가 남을 밟고 위로 올라가는 것이 아니라 자신의 몸을 버리고 나비가 되는 것에 있음을 깨닫는다. 죽을 것 같은 순간들을 참고 견디며 줄무늬애벌레는 마침내 자신의 본모습인 나비로 탈바꿈한다. 줄무늬나비는 노랑나비와 함께 꽃들 위를 맴돌며 희망의 춤을 춘다.

세상에는 사회 전체를 마이너스로 만드는 사람이 있는가 하면 플러스로 발전시키는 사람도 있다. 비즈니스 세계에서도 불필요한 경쟁을 유발해 시장을 망가뜨리거나 축소시키는 인간이 있는가 하면, 새로운 것을 창조해 많은 사람들을 살기 좋게 도와주는 경영자들도 존재한다. 국가 경제가 발전하고 풍요로운 삶을 창조하려면 플러스 경영을 하는 기업가가 많이 나와야 한다.

다행스럽게도 유일한 박사와 같이 몸소 실천한 선각자들이 많다. '꽃들에게 희망을 주기 위해' 나비가 되는 고통을 기꺼이 견디는 애벌레처럼 결실을 맺기 위해 노력하는 경영자들을 응원하는 것은 우리 모두의 몫이다.

고전 우화에서 발견한 경영 인사이트 60

잘나가는 리더는 왜 함정에 빠질까?

초판 1쇄 2016년 3월 11일

지은이 장박원
펴낸이 전호림 **제2편집장** 권병규 **담당PD** 이정은 **펴낸곳** 매경출판㈜
등 록 2003년 4월 24일(No. 2 - 3759)
주 소 우)04627 서울특별시 중구 퇴계로 190 (필동 1가 30-1) 매경미디어센터 9층
홈페이지 www.mkbook.co.kr
전 화 02)2000 - 2610(기획편집) 02)2000 - 2636(마케팅) 02)2000 - 2606(구입 문의)
팩 스 02)2000 - 2609 **이메일** publish@mk.co.kr
인쇄 · 제본 ㈜M - print 031)8071 - 0961

ISBN 979-11-5542-417-9(03320)
값 14,000원